林蠹　编著

风起东南

商务印书馆闽人寻踪

海峡出版发行集团｜海峡文艺出版社

图书在版编目(CIP)数据

  风起东南:商务印书馆闽人寻踪/林蠹编著.—福州:海峡文艺出版社,2023.5
  ISBN 978-7-5550-2888-8

  Ⅰ.①风… Ⅱ.①林… Ⅲ.①商务印书馆－史料 Ⅳ.①G239.22

  中国国家版本馆 CIP 数据核字(2023)第 088884 号

风起东南
——商务印书馆闽人寻踪

林　蠹　编著	
出 版 人	林　滨
责任编辑	谢　曦
编辑助理	吴飚茉
出版发行	海峡文艺出版社
经　　销	福建新华发行(集团)有限责任公司
社　　址	福州市东水路 76 号 14 层
发 行 部	0591－87536797
印　　刷	福建新华联合印务集团有限公司
厂　　址	福州市晋安区福兴大道 42 号
开　　本	720 毫米×1010 毫米　1/16
字　　数	340 千字
印　　张	19
版　　次	2023 年 5 月第 1 版
印　　次	2023 年 5 月第 1 次印刷
书　　号	ISBN 978-7-5550-2888-8
定　　价	68.00 元

如发现印装质量问题,请寄承印厂调换

序

李建平

  林矗博士编撰的这本书，他说是"小册子"，我看后不以为然，认为"着墨小，影响大"。因为书中所涉及的一大批福州先贤、名人，其中包括在中国近现代文教事业发展过程中发挥了重要作用的人，居然有不少是我第一次了解到。这对于我这个在福州学习、工作和生活了半个世纪、早已把福州当作第二故乡的人来说，不能不说有点意外。近代福州人才济济，敢为天下先，不为人知者看来还不少。

  福州的近代历史就是半部中国近代史，此话真不假。然而，历史文化的深入挖掘和研究，需要有人持之以恒地去做，特别是在未知领域和人文方面。本书的出版，为福州乃至更大范围内历史人文的研究提供了很有价值的成果，值得庆幸。我特别关注到书中有关的经济学学者和我所工作的福建师范大学的老前辈们。如商务印书馆的编辑、作者沈觐宜、林植夫、李宣龚、陈岱孙、陈衍先生都是经济学界的前辈，其中陈衍先生是第一个把"经济学"的概念引入中国的学者，李宣龚是最早刊行经济学专著的出版家之一，陈岱孙先生更是政治经济学的泰斗。看到来自福建师范大学（包括其前身的福建协和大学、福建优级师范学堂、私立福建法政专门学校、私立福建学院、福建省研究所等）的创办者和校长、所长、教授同仁的名字时，仰慕之意再次油然而生。他们包括陈宝琛、林长民、刘崇佑、何公敢、柯凌汉、李景禧、黄曾樾、郑作新、萨本栋、陈遵统、甘景镐等诸位老先生，都是来自福州，都是福建师范大学的骄傲。在此非常感谢作者把他们的事迹尤其是教育功绩展现给读者们。

  长期以来，我一直在高校从事政治经济学的研究与教学工作。作者是陈征教授和我指导的2001届政治经济学博士，早年在经济技术开发区从事外经工作，后来才开始研究历史和文化，重点在近代海军文化和福州的闽都文化。他是国内知名的博物馆策展人，中国船政文化博物馆、林则徐史迹博物馆、中国海坛海防博物馆、福州名人与商务历史博物馆，以及安徽名人馆等，都是由他主持策展的。他还参与福州三坊七巷历史文化街区的保护修复和开发利用工作，是这一方面很有造诣的专家。由于作者学的是经济，做的是文化，因此我曾经打趣说他是"不务正业"的弟子。他在文化方面所取得的成就，与人不同之处，就是用经济学的思维去做他的所谓"不务正业"的文化。

古人云："仓廪实而知礼节，衣食足而知荣辱。"内涵是指，经济是文化发展的重要基础。因为从根本上说，社会经济的发展决定着文化的发展水平。福州这些年发展势头很好，国内生产总值早已突破万亿元大关。经济的发展，进一步推动了福州地区的文化、教育事业的发展，成果十分显著。因此，我们希望有更多、更好的文化产品面世，除了历史文化街区、博物馆、美术馆和大部著作外，更期待有能够与国家发展史同频共振的这种研究区域文化的优秀成果的出现。

《风起东南——商务印书馆闽人寻踪》这本书，文字简练，内容翔实，信息量很大，书的归纳与演绎都很到位。这不但适合青少年和广大市民阅读，而且亦不失为研究闽都文化和商务印书馆发展史的一份极具参考价值的史料。让大家在较短的时间里，学习和了解更多的福州人在近现代中国社会进程中所发挥的历史作用和积极影响，一定是件好事。

是为序。

2022年9月28日
于福州大学城金桥花园冬夏庐

（李建平，福建师范大学原校长、博士生导师、文科资深教授、中央马克思理论研究和建设工程首席专家、享受国务院特殊津贴专家、国家有突出贡献的中青年专家）

自　序

己亥春节刚过，时任福州市委副书记林飞同志约我见面，商议近现代福州人与商务印书馆历史文化主题博物馆的建设事宜，并希望我帮助主持策展工作。建这座博物馆，可以说是他的故土文化情结与心愿之一，早在十多年前我们共事时就多次听他提及。

然而，这并非一件易事。建博物馆除了场馆等条件外，更重要的还得具备相应数量的史料文献、文物藏品这个基本前提。当时既缺史料又无藏品，"无米之炊"的难度可想而知。或许是受闽都文化长期熏陶的本性使然，尽管挑战很大，还是欣然接下了任务。

功夫不负有心人。经过近20个月的努力，福州名人与商务历史博物馆终于在2021年初建成并对外开放。丰富的展示内容与多样的表现形式，充实的文物史料与穿越的历史演绎，让福州名人与商务印书馆的名声再次鹊起，福州人在中国近现代文化和教育转型过程中所发挥的重要作用重新为人所瞩目。

众所周知，与北京大学同被誉为"中国近代文化双子星"的商务印书馆，在长达百年的奋斗历程中，坚持以"昌明教育，开启民智"为宗旨，致力于弘扬中华优秀传统文化，传播现代新思想、新文化、新知识，奠基现代教育和现代企业制度，为中华民族现代化和民族复兴作出了无可比拟的突出贡献。

这些成就的取得，一大批来自福建，主要来自福州的"商务"人功不可没，尤其是在清末和民国时期。其中，严复、林纾、高梦旦、李宣龚、郑振铎、冰心、郑贞文等一众福州人更是超拔卓绝者，在人才济济的商务印书馆中引领风骚。然而，由于长期以来研究成果较少，宣传力度亦不足，近现代闽人尤其是福州人与商务印书馆的这段足以传诵不绝的历史几乎沉寂了百年。人们可能只了解商务印书馆，而对曾经在此工作过、服务过的福州人知之甚少。

随着博物馆的对外开放，近现代闽人暨福州人与商务印书馆的这段历史引起人们的极大兴趣与关注。为了扩大博物馆展览的宣传力度，也基于用文字记载历史会更好地给人带来可持续的影响，展陈工作结束后便开始筹划编撰一本书。遗憾的是，这项工作刚起了个头，却因故而延宕，直至海峡文艺出版社林滨社长找上门来，无理由不加紧工作了。本书以简明扼要、图文并茂的通俗读本形式，力图较全面、系统地把与商务印书馆发展历程息息相关的近现代福州人一一加以介绍。这样，从商务印书馆发展史角度来看福州人在其中所发挥的积极作用，可以进一步了解福州人对中国近现代教育发展史、文化发展史所作的贡献及其所产生的影响。

可以相信，这个群体中不论是我们耳熟能详、陌生抑或语焉不详者，通过阅读本书籍或参观博物馆，可以走近他们而产生新的思想共鸣。先贤们（大多数者）无疑是闽都人文的精英，是近代开启风气的先导。因为有了他们，"昌明教育，开启民智"的宗旨得以更好地践行，商务印书馆的声誉愈加卓著，中国近现代历史上的文化纪事增添了许多璀璨夺目的光彩！

2022 年 6 月于福州

目 录

导 言   1

第一辑　来自福州的"商务"高管

高梦旦：以谋国风度谋书事   11
陈承泽：在政治与学术之间   18
高向瀛：福州分馆的拓荒人   21
林孝恂：新学教育的践行者   23
李宣龚：商务文化的守望者   25
江畲经：博学多才的大管家   30
郑贞文：科普推广的先行者   32
何公敢：汉字检索的开拓者   35
唐　钺：现代心理学奠基人   38
黄葆戉：书画大家　金石巨匠   40
林志烜：《四部丛刊》的大功臣   42
陈懋解：民国末任的"当家人"   45
沈觐宜：商务印书馆的经济学家   47

1

第二辑　来自福州的"商务"编辑

吴曾祺：商务印书馆的"涵芬先生"	51
刘崇杰：纵横捭阖　悟法析律	53
高凤歧：忧国忧民的济世之才	55
黄展云：蒙学教育　遗爱在民	57
林白水：报界先驱　革命烈士	59
王永炘：国语教科书的编纂者	61
王寿昌：精通法律的译著人	63
陈学郢：理化教材的编纂者	64
王庆骥：青出于蓝而胜于蓝	65
陈　文：最早的代数译介者	67
王永炅：数学教材的编纂者	69
黄士恒　黄士复：昆仲道合　启蒙养正	71
林长民：冲锋陷阵　可用书生	73
李文彬：商务英语的奠基人	78
李宣韩：借贷记账法的推行者	79
范毓桂：人名辞典的编纂者	81
王新命："文化宣言"的急先锋	83
林皓民：地下党员　一岗多能	85
朱谦之：文明冲突的前瞻者	87
郑振铎：新文学运动倡导者	89
林植夫：新四军中的经济学者	92
高拜石：掌故大家　报界闻人	94
萨孟武：通才型的政治学家	96
林徽因：才貌是可以双全的	98
刘道铿：同力协契　振此"晨钟"	100
王彦行：剩个山门　拓个郊园	102

陈寿凡：人类种质改良的探索者　　　　　　　　103
陈　步：深挖社科　笔耕不辍　　　　　　　　　104
董　琨：现代辞书的修订人　　　　　　　　　　105

第三辑　来自福州的"商务"作者

严　复：发蒙启蔽　一代宗师　　　　　　　　　109
林　纾：译林丛中的"叫旦鸡"　　　　　　　　 114
魏　瀚：懂文学的造船专家　　　　　　　　　　116
严　璩：会译书的财政部长　　　　　　　　　　118
林　骖：林纾的后期合作者　　　　　　　　　　120
张元奇："直声振天下"　　　　　　　　　　　　122
王世瑛："晦庵从容阳明峭"　　　　　　　　　　124
冰　心：有了爱便有了一切　　　　　　　　　　126
庐　隐：才女作家　亚洲侠少　　　　　　　　　128
郭梦良：改良主义的鼓动者　　　　　　　　　　130
陈博生：传播"马列"见证历史　　　　　　　　 132
吴　石：冷月无声　"密使一号"　　　　　　　 134
林传甲：学界巨子　教育先驱　　　　　　　　　135
李乔苹：化学史研究第一人　　　　　　　　　　138
林　庚：太阳般明朗的形象　　　　　　　　　　140
刘崇佑：仗人间义的大律师　　　　　　　　　　142
刘含章：中国司法界的元老　　　　　　　　　　144
王铁崖：国际法学界"长青树"　　　　　　　　 146
林惠祥：热衷冒险的人类学家　　　　　　　　　148
卓定谋：实用章草书领军人　　　　　　　　　　150
萨　端：爱国主义的革命者　　　　　　　　　　153
林觉民：誓为天下人谋永福　　　　　　　　　　155

林　旭：报国难酬　遗稿千秋	157
曾宗巩：被忽略的大翻译家	159
严　群：柏拉图学说译介人	161
沈觐寅：化学译名的探索者	163
梁敬錞：对话罗素的中国人	164
龚　钺：外交维权　法学大家	166
柯凌汉：民法学界耆宿元老	168
李景禧：法学前辈　民法专家	170
高君箴：相夫教子　童话人生	172
郑天挺：北大舵手　南开巨擘	174
曾仰丰：中国近代盐务专家	176
邓　拓：博学多才　一身正气	177
胡也频：文学号手　左联烈士	179
沈秉焯：球面三角的编译者	182
郑拔驾：旅游达人　文化使君	184
萨本栋：鞠躬尽瘁　甘为人梯	185
释圆瑛：佛界领袖　爱国高僧	187
陈遵妫：北京天文馆创办者	189
张钰哲："中华"小行星发现者	191
黄孝纾：隐然为东南之大师	193
郭曾炘：一门数代　俱有文名	194
郭则沄：教育行事　诗书传人	196
黄懋谦：政事半生　诗书余年	198
梁遇春：遇春之时　我将蹈火	200
陈遵统：通儒达士　国学大师	203
陈驹声：奠基工业微生物学	205
林庚白：诗坛怪杰　民国神算	207
陈岱孙：经济学的一代宗师	210
甘景镐：高分子学科创始人	213

郑作新：现代鸟类学奠基人　　　　　　　　　215
高士其：身残志坚　科普旗手　　　　　　　217
傅衣凌：社会经济史学鼻祖　　　　　　　　219
陈可冀：中西医结合的奠基者　　　　　　　222
高名凯：著名理论语言学家　　　　　　　　224
陈元晖：奠基东北教育学科　　　　　　　　226
吴　宪：中国营养学之父　　　　　　　　　228
侯德榜：科技泰斗　士子楷模　　　　　　　230
王绶琯：始于兴趣　忠于使命　　　　　　　232
高　鲁：现代天文学奠基人　　　　　　　　234
李　俨：中国科学史开拓者　　　　　　　　236
黄曾樾：研究古埃及文化的福州市市长　　　238
程树德：近代法律史奠基人　　　　　　　　240
林可彝：马列主义的传播者　　　　　　　　242
何振岱："同光体"闽派之殿军　　　　　　　244
陈懋鼎：驻外使节　一代诗吏　　　　　　　246
王允晳："同光体"闽派大诗人　　　　　　　249
林志钧：闽派诗人　哲学巨擘　　　　　　　251
郑孝柽：戛玉敲冰　诗篇留名　　　　　　　254
陈　衍：诗坛巨擘　经济大家　　　　　　　256
刘　蘅：冰雪聪明　梅瘦兰清　　　　　　　258
邹韬奋：爱国志士　民主先锋　　　　　　　259
周葆銮：中国银行史的拓荒人　　　　　　　262
林开謩：梅花放庵　旧京九老　　　　　　　264
林　焘：汉语"音符"　学界泰斗　　　　　　267
陈与年：政府公债的关注者　　　　　　　　269
梁章钜　梁恭辰：楹联学之开山鼻祖　　　　270
陈修园：勤政为民　医术济世　　　　　　　272
陈寿祺：经学名儒　书院主讲　　　　　　　274

沈瑜庆：末任巡抚　诗人循吏　　　　　　　　　275
陈宝琛：末代帝师　新学先驱　　　　　　　　　277

附　录

夏瑞芳与张元济　　　　　　　　　　　　　　　281
编译所职员录（1924年）　　　　　　　　　　　283
待考福州籍编辑、作者名录　　　　　　　　　　286

主要参考书籍与文献　　　　　　　　　　　　　288
后　记　　　　　　　　　　　　　　　　　　　290

导　言

一

清光绪二十三年正月初十（1897年2月11日），夏瑞芳、鲍咸恩、鲍咸昌和高凤池等人集资3750元在上海创办印刷作坊。作坊既承印商业簿册、广告，也承印书本，取名为"商务印书馆"（英文名称：The Commercial Press，简称CP）。正是这个不起眼的商务印书馆的创立，奏响了一场文化与教育交响乐的序曲，由此标志着中国现代出版业的开端，同时也标志着中国现代文化的兴起。

1903年在上海蓬路始设的商务印书馆编译所内景

1902年位于上海北福建路的商务印刷所生产车间一隅

开创之初，在张元济、夏瑞芳的引领下，商务人通过艰苦创业为企业的发展打下了基础。由此先后延请蔡元培、高梦旦（福州人）、陈叔通、李宣龚（福州人）、王云五等一大批杰出人才，立"昌明教育、开启民智"为宗旨，以"普及文化、弘扬传统、沟通中西"为使命，开展以著述译介和编辑出版为主业的多种经营，实力迅速壮大。在商务印书馆的鼎盛发展时期，企业员工达到 4500 多人（其中编校人员逾千）；年出版图书千余种，占全国年出版物总量的四成以上；在海内外开办的分支机构达 36 家、代理处和销售网点千余家。此外，商务印书馆旗下还有电影公司、机器制造厂、益智玩具厂、文具教具科学仪器厂，以及幼儿园、小学、师范学校、商业学校、各种函授学校和夜校等等。这一鼎盛时期，商务印书馆发展的规模超过了亚洲任何一家出版企业，可以与当时世界上所有的大型出版社相媲美。商务印书馆用教育、文化和思想来推动社会进步，让"新与旧""中与西"并行不悖地共存于出版物结构中，在中国现代文化转型过程中奠定了自己的出版特色与领袖地位，被赞为"中国文化总机关"，与北京大学被共誉为"中国近代文化的双子星"。

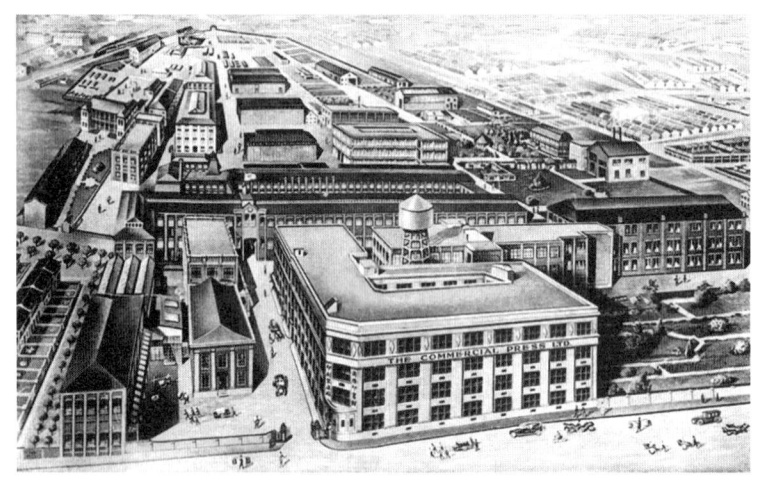

鼎盛时期的商务印书馆全貌图

1932 年"一·二八"事变和 1937 年"八·一三"淞沪会战的爆发，商务印书馆两遭劫难，损失殆尽，商务印书馆一夜之间从巅峰跌至谷底。尤其令人痛心的是，商务的东方图书馆中 46 万多册孤本、善本古籍全部毁于一旦，损失难以估量。嗣后，商务人在"为国难而牺牲，为文化而奋斗"的宣言下，重整旗鼓，竭力复兴，继续其数十年来贡献我国文化教育之使命。抗战胜利后，1946 年总部由重庆迁回上海，公司后期的经营管理实际上由代总经理李宣龚勉力支撑，1949 年初再由陈懋解（福州人）接手过渡。张元济强调"战后教育关系尤巨，辅助推进之责，更不容辞。唯有秉已往职志，再接再厉，力图复兴"，再次表明商务印书馆以扶助教育为己任的方针。商务印书馆在战争离乱中始终屹立不倒，顽强延续着中华民族的文化之根。

"一·二八"事变后的编译所内部照片（墙上标语"为国难而牺牲，为文化而奋斗"）

1949年中华人民共和国成立后，商务印书馆于1954年迁至北京，完成公私合营，开始了新的奋斗历程。自1958年中国出版社业务分工，商务印书馆承担了翻译出版国外哲学社会科学和编纂出版中外语文辞书等出版任务，逐渐形成以"汉译世界学术名著""世界名人传记"为代表的翻译作品，以及《辞源》《新华字典》《现代汉语词典》和《英汉词典》等为代表的中外文语文辞书为主要支柱的出版格局。

二

回顾历史的长河，商务印书馆对中国近现代文化和教育事业所作的突出贡献可谓史无前例。她沟通中西文化，译介西方学术著作，编撰出版新式教科书和新式辞书，影响深远；主持整理和出版大量古籍，弘扬中华文化、保存民族遗产，功勋卓著。商务印书馆因出书而改变中国的历史，以其难以尽述的优秀出版物造就了一座令人景仰的文化丰碑。

其一，引领教科书的革命。文化的普及、民智的开启均有赖于教育。然而，近代中国社会落后、国民文盲众多，教育程度极其低下。正如1901年在南洋公学主持译书工作的张元济写给盛宣怀的信中所指出的那样，"中国号称四万万人，其受教育者不过四十万人，是才得千分之一耳。且此四十万人者，亦不过能背诵四书五经，能写几句八股八韵而已，于今世界所应知之事，茫然无所知也。""于是，近代历史重大的变革关头，全社会寄希望于教育，教育寄希望于全新的教科书，编写出版教科书成为当时表达危机思想的一个方式，教科书被赋予了救亡图存、复兴民族的刻不容缓的神圣伟大使命。"（吴小鸥：《文化拯救》自序）因此，以教科书为着力点的近代教育变革，自然而然地成为中国近代化的重要组成部分。

在此背景之下，商务印书馆开启了中国近代教科书革命的历史新纪元。在20世纪初"废科举、兴学堂"的转型时期，张元济、高梦旦等人审时度势，以"扶助教育为己任"，积极发起了我国的教科书变革，主导商务印书馆编辑发行符合国情的分类化、规范化的小学、中学教科书。商务印书馆的第一部小学教科书一经出版即风行全国，获得巨大成功，被公认为近代教科书的发端。蔡元培曾评价这部教科书"而教育界之受其影响者大矣"。由此开始的这场教科书革命，其成果深刻地影响了中国的现代教育，同时也使得商务印书馆在清末民初的中国书林中，占有绝对的主导地位。

与此同时，为配合教科书的使用和满足时代发展的需要，商务印书馆以创新开拓之精神，集中大量的财力、物力和人力，编纂出版《新字典》《辞源》等新式辞书。商务印书馆填补了近代辞书的空白，为教育事业又作出了一份特殊的贡献。

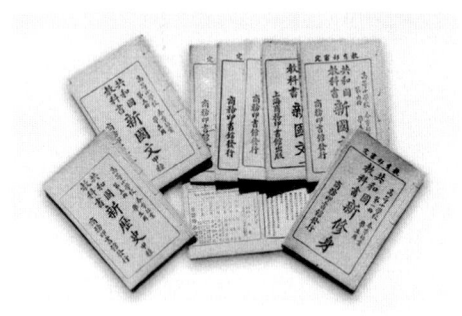

商务印书馆在民国初年出版发行的共和国教科书书影

其二，为"西学东渐"发力。甲午战争以后，许多有识之士开始更积极、更全面地"开眼看世界"，着力向西方学习自然科学和社会科学的知识，开启思想启蒙，政治上也要求改革。商务印书馆紧跟时代步伐，组织翻译出版了大量的西方学术名著，以及格致、哲学、法典等方面的书籍，向国人介绍西方的先进思想与科学知识，进行现代思想启蒙。其中最具影响力的是系统地出版严复（福州人）的译著《天演论》《国富论》等八大西方学术名著，以及林纾（福州人）的大量译著，形成了"严译名著"和"林译小说"两大品牌，其影响广泛且深远。康有为因此赞誉"译才并世数严林，百部'虞初'救世心"。

商务人攻苦食淡的努力直接响应了中国近代化的进程。特别值得列举的是，商务大力推介近代西方教育学理（包括译介西方名家教育典例和教育学各学科著作、教育名家著作等），使我国"学界用短短几十年时间跨越了别人几百年的路程，或许这也正是商务印书馆与近代中国教育最深刻

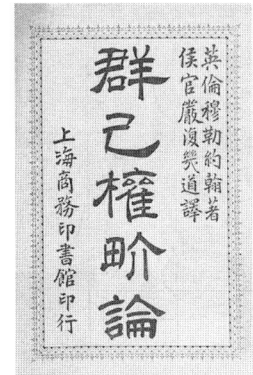

商务印书馆出版的"严译名著"书影

学术意义的所在"。①

其三，致力于守正出新。一个国家的进步与发展，不仅需要创新求变的科技，更需要守正固本的文化。商务印书馆以保护文化遗产为己任，创办"涵芬楼"图书馆，整理国故，开发资源，推动中华传统经典文献的抢救、整理和出版，其中包括谋印《四库全书》，编纂《四部丛刊》《孤本元明杂剧》等。商务还编辑"万有文库""大学丛书"等大型系列图书，创刊《东方杂志》《小说月报》《自然界》等各科杂志十数种，对思想交流、文化传播、科学普及的全面推动实无人可及。

1933年影印《四库全书》开始工作纪念留影

---

①王剑：《商务印书馆与近代西方教育学理的东渐》，《教育史研究》，2003年第3期。

为了紧跟新文化运动的步伐,"五四"之后商务发挥年轻人〔包括茅盾、郑振铎(福州人)、叶圣陶、唐钺(福州人)、胡愈之、陈承泽(福州人)、何公敢(福州人)、郑贞文(福州人)、何炳松等〕的作用,进行全面的革新,使得商务又走在了时代的前头。商务出版现当代著名作家的文学作品,创立"为人生而艺术"的文学阵地,吸引了周作人、蒋百里、庐隐(福州人)、许地山等一大批人的参与,还培养了巴金、老舍、冰心(福州人)、丁玲等许多后来的文学大家。

其四,传播新思想、新学说。商务印书馆坚持以"教育普及、学术独立"为出版方针,除了传播西方先进的思想与文化外,还大胆地对各种新学说、新思潮包括东方乌托邦社会形态进行探索。在当时的中国,这些探索十分重要。在这里,各种学派、思想可以自由徜徉。尤其值得一提的是,商务印书馆还是马克思主义在中国早期传播的重要阵地。中国共产党的早期领导人陈独秀、李达等都是商务印书馆的外聘编辑。《学艺》杂志在早期介绍马克思主义和社会主义方面贡献巨大,何公敢、陈承泽等福州人多有建树。在20世纪初,商务的《东方杂志》早早就有翻译和介绍社会主义和共产主义的文章,我党早期马克思主义的传播者包括林可彝(福州罗源人)等都曾在此宣传过社会主义的理念。据统计,在中国共产党创立前后的1919年至1922年间,由商务印书馆出版传播马克思主义的书籍就多达20余种。如李季翻译的《价值、价格及利润》、陈溥贤(福州人)翻译的《马克思经济学说》、瞿秋白撰述的《新俄国游记》等。

《辞源》出版百年暨《辞源》第三版出版座谈会在京召开(2015年12月)

综上所述,商务印书馆创造了中国近现代文化史上的一个奇迹。"利国实超商务外,育人功盖印书行",这是时人对商务印书馆的赞誉。更有人说:"百年以来,人们对于商务印书馆的理解愈加深刻。有民族危亡的文化抗争,有东方乌托邦社会形态的探索,有'教育救国'的理想主义追求,有中国现代思想启蒙的旗帜。"2017年在纪念商务印书馆创办120周年时,《社会科学报》更是给予了至高的评价:"商务印书馆以世界的眼光,以现代学术和现代文化的方法，从教育和人的现代化入手，把中华民族拉入人类现代文明的主航道。"这些评价与赞誉，商务印书馆都受之无愧。

三

商务印书馆成功的奥秘何在？归根结底，两个方面的因素是最重要的。一方面，在于商务印书馆尽揽天下之英才。因此，伴随其声望和辉煌始终的，是一个个文化名人、一批批国之栋梁。正是集聚了这些文化巨擘，商务印书馆始终占据着思想和文化的制高点，立于出版业之巅。另一方面，商务人将企业命运与国家的命运紧紧地连在一起，共赴民族之未来。在清末民初，中国社会处于一个急剧变动的时代，鼎新革故的社会潮流兴起，国人盼望着开眼看世界，汲取西方先进思想与科学知识的养分。"商务印书馆及时满足了国人的需求：无论是学术丛书，还是各类新式教材，她都悄然扮演了近代思想启蒙的角色，成为推动社会变革的力量。"[①]

在商务印书馆，作为人力资源主体的知识分子主要来自闽浙苏皖等地域。由于岗位的重要性和影响的广泛性，闽人群体与商务印书馆则呈现出一种独特的文化现象。这种现象时称商务馆的"闽派""福建帮"。这些闽人基本上来自福州，在19世纪末、20世纪上半叶的商务印书馆，他们不仅参与者众多、持续奋斗的时间最长，而且身居要职、影响广泛、贡献亦大。根据商务元老庄俞在1931年所做的职员情况统计，该年商务印书馆总馆中福建（福州）职员共45名，人数位列江苏、浙江、安徽之后而居第四，但来自福建（福州）的知识分子大多位居要津。如福州人郑孝胥前后担任董事、董事长时间长达14年之久，高梦旦、李宣龚等作为股东高管在商务工作都超30年。福州人参与企业的经营管理和编辑译介工作，倡导并推动教科书的变革，传播西方新思想、新学说以及自然与社会科学，传承与保护优秀的中国传统文化，主力军的作用尤显得突出。同时，福州人还是当时商务印书馆最庞大、最具影响力的作者群体，包括严复、林纾、冰心、郑振铎、陈承泽、庐隐、邓拓、郑贞文、萨孟武、萨本栋、郑天挺、林志钧、黄孝纾等。他们与民族和国家同呼吸、共命运，通过商务印书馆这个重要的文化平台，各显身手，施展抱负，为我国文化教育事业的发展作出了各自的应有贡献。

这一大批来自福州的商务股东、高管、编辑和作者们，将在本书正文章节中一一加以详细介绍。

[①] 吴小鸥：《中国第一套"国语"教科书》，《福建师范大学学报》哲学社会科学版，2012年第5期。

来自福州的"商务"高管

第一辑

在近代商务印书馆的管理层中,来自福州的知识分子群体是一大亮点——他们是企业不同发展阶段之承前启后的中坚力量。究其"可持续"的缘由,主要因为群体结构中人员的基本素质普遍高、实践经验较丰富、管理能力比较强,以及具有敢为人先的创造精神和位居要津的影响力。

这个时称"闽派""福建帮"的福州人群体,主要由三个部分组成:政府离职官员、社会硕学名流和后起青年才俊。其老中青的年龄结构与知识结构的比较优势都很明显。他们或作为总经理、经理,或所长、主任,抑或股东、董事,是企业经营策略制定的参与者,编辑与出版业务管理的执行者,以及经济效益和社会效益的创造者,以自己不凡的才干和出众的学识,共同撑起了商务印书馆的半壁江山。

进馆时间：1903 年
职　　务：历任董事兼编译所国文部部长、
　　　　　编译所所长、出版部部长，常务
　　　　　董事

高梦旦：
以谋国风度谋书事

　　高梦旦（1870—1936），著名的教育家、出版家、文字改革家和辞书学家。名凤谦，字梦旦，常用笔名崇有；福建长乐（今福州市区）人，出身于桐城派古文名家。

　　他是维新人士，曾经投稿于梁启超创办的《时务报》论废除跪拜之事，梁十分钦佩。从此两人书信往来，成为朋友。高梦旦兄弟三人，长兄凤岐（字啸桐），举人出身，是桐城派古文学家，官至梧州知府，曾供职于商务印书馆；次兄而谦（字子益），举人出身，毕业于福州马尾的船政学堂和法国巴黎大学，清末曾任四川布政使，民初先后出任驻意大利公使和外交部次长；表哥魏瀚，同样毕业于船政学堂，留法获法学博士学位，中国第一代造舰专家，民国时期福州船政局局长、海军中将，林纾翻译《巴黎茶花女遗事》的主要促成者。高梦旦还是中国杰出的社会活动家郑振铎的岳父，物理学家、中国科学院资深院士洪朝生之外祖父。

　　高梦旦自幼聪明，母亲、兄长是其启蒙老师。他不及幼学之年父母就双亡，由兄长二人将其抚养成人。高梦旦成年后以笔耕、教读自食其力，推崇实用之学，自创文章"写实体"。他曾在福州致用书院学习，做过表

11

兄魏瀚的家庭教习。光绪二十二年（1896）高梦旦随长兄凤歧赴浙江，先入杭州知府林启（福州人）幕府，后任浙江大学堂（原名求是书院）教习，并作为大学堂留学监督带领学生东渡日本游学。在浙期间，他发表了最著名的译论《翻译泰西有用书籍议》，不但强调翻译人文社科类书目的重要性，而且针对统一译名标准提出了"辨名物"（意译）和"谐声音"（音译）的建议，思想极具前瞻性和开拓性。

1903年，应张元济之邀，高梦旦携长兄资金入股商务印书馆，受聘为编译所国文部部长，成为首位进入商务印书馆的福州人。此后，他出任董事、常务董事、编译所所长、出版部部长，1909年还兼任复旦公学监督（复旦大学第四任校长）。复旦大学校史馆收藏着迄今为止最早的一张复旦大学毕业文凭，该文凭于1909年即宣统元年由高梦旦监督签发，现已成为"镇馆之宝"。

商务印书馆首获的巨大经济效益和社会效益，源于编辑出版规范化的小学教科书，这是高梦旦的创议之功。陈叔通在《回忆商务印书馆》一文中写道："教科书的起源是由高梦旦去日本考察，回来后搞的。"在日本监学的一年多时间里，高梦旦考察得出其兴盛的缘由在于兴教育。他认为时下中国教育革新的根本在于小学，而小学的关键在于教科书。因此，高梦旦立志编写规范化、分类化的教科书。主政编译所国文部后，他总结前一轮将教科书"外包"给社会人士编译的经验教训（指1902年商务印书馆委托蔡元培、蒋维乔编写教科书），澄清了那次教科书的编写既不规范又多缺失而造成无法问世的原因：缺乏完善的编辑规范制度的约束。为此，他与张元济商议后决定先从建立制度着手，同时开始《最新国文教科书》编辑出版的前期工作。高梦旦负责确立行动指南，要求"凡关于立身、居家、处世，以至事物浅近之理由与治生之所不可缺者，皆萃于此书。其有为吾国之特色，则极力表彰之；吾国之弊俗，则极力矫正之，以期社会之进步改良"。接着他提出将教科书"外包制"改为"自办制"，聘请专职编辑来从事教科书的编纂工作。思路与体制确定后，他对小学国文教科书先定计划，然后依照规范要求采用"合议制"编辑方法，与蒋维乔、张元济、庄俞讨论、修改，不厌其详。高梦旦主持编写的《最新国文教科书》是我国近代教育史上第一套成功的教科书，一经出版就风行全国。随之，教科书由小学扩展至中学、师范，在全国范围内被学校广泛采用。他因此被誉称"中国现代语文教科书之父"。这是他在商务印书馆创立的首功。

接着，高梦旦敏锐地把出版物的目标锁定在辞书上。在清末，《康熙字典》是汉字研究的主要工具书，但已无法满足大变革时代的需求。他审时度势，建议编纂《新字典》和《辞源》，以满足时代发展的需要。他与张元济商量后在编译所中另设辞典部，慧眼识人，推荐陆尔奎具体负责新辞书的编纂，自己也全程参与这项工作。1908年春《辞源》正式开始编纂。辞书的重要性就像后来陆尔奎评价的那样："国无辞书，无文化之可言也。"因此，他就像编国文教科书时那样认真。《新字典》先行出版，《辞源》则几易其稿历时8年方成书。这两部词典一经发行也像教科书那样广受欢迎和赞誉。

与此同时，他还积极参与创办《东方杂志》《小说月报》等杂志，主持印行林纾、严复译著丛书，推广严、林译著不遗余力。就"林译小说"而言，"在林纾的翻译生涯中，高梦旦的名字一直贯穿其间。从引荐林纾结交表兄魏瀚，促成其译成《茶花女》，到联络汪康年，制作《茶花女》铅印版并公开销售，再到后来通过其任职的商务印书馆大量出版'林译小说'，高梦旦一直积极地利用自己的社会关系，为林纾的译作出版铺平道路，促使林纾的翻译活动完成了由偶然、无序到必然、连续的转变，为'林译小说'品牌的面世做出了巨大的努力"[1]。

高梦旦是商务印书馆经营班子的"五先生"（张元济、高凤池、高梦旦、陈叔通、李宣龚）之一，具有战略思维，是商务印书馆的绝对"台柱"。他学问好、业务强、精管理、善协调，是商务印书馆的实际当家人。陈叔通曾经说："高（梦旦）有特长，不但学问好，而且对于出版编辑业务也很精，故以后出版编辑工作，实由高梦旦主持。"[2] 出版史专家汪家熔评价高梦旦"因思维周密，断事虑无不中，故总公司凡遇重大进退，皆取断于高，张元济视之如左右手；人称之为参谋长"。高梦旦在商务印书馆的地位作用与威信影响，由此即可见。

高梦旦为企业的发展出谋划策，为经营管理呕心沥血。在商务30多年，他秉持"成功不必在我"之信念，荐贤举能，奖掖后进，引进新学，整理国故，为扶助教育而奔走效力。五四运动后，高梦旦自认为对新学"所知不多"，主动辞去编译所所长职务，让贤与胡适引荐的素不相识的王云五，甘当配角襄助工作。胡适因此评价"这是大政治家谋国的风度"。高梦旦一生还致力于汉字改革。王云五任所长之后，高梦旦把自己多年研究的检字法成果毫不保留地交与他继续研究深化。后来风行全国的王云五《四角号码字典》正式出版时，王云五郑重声称："高梦旦君为本检字法附角之发明者。"

---

[1] 徐修鸿：《林纾翻译生涯中最重要的赞助人——高梦旦与"林译小说"的促成》，《学术探讨》，2018年第3期。

[2] 陈叔通：《回忆商务印书馆》，载《商务印书馆九十年——我和商务印书馆》，商务印书馆，1987。

退休之后，他用自己多年的积蓄设立了"高梦旦奖学金"，资助优秀的清贫学子求学，继续践行"扶助教育为己任"的理念。1935年，钱伟长考取清华大学研究院，成为第一个获得"高梦旦奖学金"的人。

高梦旦主持编写的《最新国文教科书》，是我国近代教育史上第一套成功的教科书，他因此被誉为"中国现代语文教科书之父"（插图：傅萌）

高梦旦一生对发展我国的文化和教育事业做出了很大的贡献，唯功成而不居。商务老人庄俞评价其"素持成功不必自我，成名不必在我之旨。古之人，不可及也"。后来成为商务印书馆总经理的王云五也曾动情地说："胡适之先生称他为现代圣人之一，绝对不是过分。"

高梦旦生前在报纸、杂志上发表的论著文章不少。其著述的《十三月新历法》《泰西格言集》《谘议局章程表解》由商务印书馆出版。

附　录

高梦旦先生小传

胡　适

民国十年的春末夏初，高梦旦先生从上海到北京来看我。他说，他现在决定辞去商务印书馆编译所所长的事，他希望我肯去做他的继任者。他说："北京大学固然重要，我们总希望你不会看不起商务印书馆的事业。我们的意思确是十分诚恳的。"

那时我还不满30岁，高先生已是50多岁的人了。他的谈话很诚恳，我很受感动。我对他说："我决不会看不起商务印书馆的工作。一个支配几千万儿童的知识思想的机关，当然比北京大学重要多了。我所虑的只是怕我自己干不了这件事。"当时我答应他夏天到上海商务印书馆去住一两个月，看看里面的工作，并且看看我自己配不配接受高先生的付托。

那年暑假期中，我在上海住了45天，天天到商务印书馆编译所去，高先生每天把编译所各部分的工作指示给我看，把所中的同事介绍和我谈话。每天他家中送饭来，我若没有外面的约会总是和他同吃午饭。

我知道他和馆中的老前辈张菊生先生、鲍咸昌先生、李拔可先生，对我的意思都很诚恳。但是我研究的结果，我始终承认我的性情和训练都不配做这件事。我很诚恳地辞谢了高先生。他问我意中有谁可任这事，我推荐王云五先生，并且介绍他和馆中各位老辈相见。他们会见了两次之后，我就回北京去了。

我走后，高先生就请王云五先生每天到编译所去，把所中的工作指示给他看，和他从前指示给我看一样。一个月之后，高先生就辞去了编译所所长，请王先生继他的任，他自己退居出版部部长，尽心尽力地襄助王先生做改革的事业。

民国十九年，王云五先生做了商务印书馆的总理（经理）。民国二十一年一月，商务印书馆的闸北各厂都被日本军队烧毁了。兵祸稍定，王先生决定要做恢复的工作。高先生和张菊生先生本来都已退休了，当那危急的时期，他们每天都到馆中来襄助王先生办事。两年之中，王先生苦心硬干，就做到了恢复商务印书馆的奇迹。

我特记载这个故事，因为我觉得这是一件美谈。王云五先生是我的教师，又是我的朋友，我推荐他自代，这并不足奇怪。最难能的是高梦旦先生和馆中几位老辈，他们看中了一个少年书生，就要把他们毕生经营的事业付托给他；后来又听信这个少年人的几句话，就把这件重要的事业付托给了一个他们平素不相识的人。这是老成人为一件大事业求付托人的苦心，是大政治家谋国的风度。这是值得大书深刻，留给世人思念的。

高梦旦先生，福建长乐县人，原名凤谦，晚年只用他的表字"梦旦"为名。"梦旦"是在茫茫长夜里想望晨光的到来，最足以表现他一生追求光明的理想。他早年自号"崇有"，取晋人裴𬱟之《崇有论》之旨，也最可以表现他一生崇尚实事痛恨清谈的精神。

因为他期望光明，所以他最能欣赏也最能了解这个新鲜的世界；因为他崇尚实事，所以他不梦想那光明可以立刻来临，他知道进步是一点一滴的积聚成的，光明是一线一线地慢慢来的。最要紧的条件只是人人尽他的一点一滴的责任，贡献他一分一秒的光明。高梦旦先生晚年发表了几件改革的建议，标题引一个朋友的一句话："都是小问题，并且不难办到。"这句引语最能写出他的志趣。他一生做的事，30年编纂小学教科书，30年提倡他的13个月的历法，30年提倡简笔字，提倡电报的改革，提倡度量衡的改革，都是他认为不难做到的小问题。他的赏识我，也是因为我一生只提出一两个小问题，锲而不舍地做去，不敢好高骛远，不敢轻谈根本改革，够得上做他的一个小同志。

  高先生的做人，最慈祥，最热心，他那古板的外貌里藏着一颗最仁爱暖热的心。在他的大家庭里，他的儿子、女儿都说："吾父不仅是一个好父亲，实兼一个友谊至笃的朋友。"他的侄儿、侄女们都说："十一叔是圣人。"这个圣人不是圣庙里陪吃冷猪肉的圣人，是一个处处能体谅人，能了解人，能帮助人，能热烈地爱人的新时代的圣人。他爱朋友，爱社会，爱国家，爱世界。他爱真理，崇拜自由，信仰科学。因为他信仰科学，所以他痛恨玄谈，痛恨迷信，痛恨中医。因为他爱国家社会，所以他爱护人才真如同性命一样。他爱敬张菊生先生，就如同爱敬他的两个哥哥一样。他爱惜我们一班年轻的朋友，就如同他爱护他自己的儿女一样。

  他的最可爱之处，是因为他最能忘了自己。他没有利心，没有名心，没有胜心。人都说他冲淡，其实他是浓挚热烈。在他那浓挚热烈的心里，他期望一切有力量而又肯努力的人都能成功胜利，别人的成功胜利都使他欢喜安慰，如同他自己的成功胜利一样。因为浓挚热烈，所以冲淡的好像没有自己了。

  高先生生于公历1870年1月28日，死于1936年7月23日，葬在上海虹桥公墓。葬后第14个月，他的朋友胡适在太平洋船上写这篇小传。

1936年11月26日

《新字典》缘起[①]

高梦旦

  余早岁训蒙，日抱经典，强聒不舍，舌敝唇焦，竟无术使之领会。间

[①] 商务印书馆1912年出版《新字典》，由朱祖谋题签、蔡元培作序、吴敬恒书后、高凤谦写《缘起》。

投以子史说部之有兴趣者，则手舞足蹈，迎刃而解。于是悉心采集，冥搜故纸中。往往穷终夕之力，始得供一朝之用。临渴掘井，劳而鲜功。复以人生必需之智识，不可无以语童蒙也。乃又取材于译籍。当是时，余于科学智识，未曾梦见，恒以一二术语之不可通，应用材料，因而废置。欲求适当字书，足以兼赅今古，藉资探讨，竟不可得。会仲兄子益欧游东归，诉以所苦。仲兄为余言欧洲训蒙之书，乃依学生之年龄特别编辑，材料如何完具，程度如何适合。其所谓字书者，则合单字成语而成，种类如何繁多，检查如何便利，余闻而私慕之。发愤欲习欧语，年已蹉跎，迄无成就。久之，稍稍以汉读法学习和文，始得窥所谓教科书者。所谓辞书者，平日与二三同志论议，谋从事编辑。各以事牵，因循者又有年。壬寅游日本，见彼都人士教育之普及，常识之备具，教科书、辞书之功为多。既归国，遇张君菊生于海上，从谈及此。时张君方主商务印书馆，以编辑教科书为己任。因要余襄其事，乃得与蒋君竹庄、庄君百俞辈，朝夕共铅椠，致力于所谓教科书者，既历有年所矣。自教育革新以来普通学校科目既繁，专门学校分析尤微。承学之子，以余力治文词，殆不及往昔之十一。常见聪颖儿童入学三数年，执笔成文，朗朗可诵。及授以稍典雅之书翰与夫报章论说，则满纸荆棘，不能卒读。以古来相传之成语故事，多非素习故耳。欧风东渐，学术进步，百科常识非一人之学力可以兼赅。而社交日用之需要，时又不可或缺。夫文词如是其浩博也，学术如是其繁赜也。辞书之应用，较教科书为尤普。余之入商务馆也，既屡以为言矣。顾馆中方专意教科书，无暇兼营。以余之不学，又岂能以一身两役。戊申游广州，与陆君炜士谈辞书之关系，所论大洽。归以语张君，乃要陆君主其事。又得傅君伟平、蔡君松如、方君叔远辈相赞助，至今年而脱稿，命之曰辞源。又刺取其单辞，先付手民。命之曰新字典。呜呼，生平所怀之愿望，日萦回于梦寐间者，止此而已。乃幸得追随我同人后，搜讨编纂，历时十年仅而有就。而此十年中，因人事之牵帅，几至中辍者屡。勉强自持，得有今日。草创经始，百孔千疮。同人雠校，朝更一字，暮易一义，执卷断断。既成，犹责难靡已。而余辄沾沾自喜，若忘四方督责之严，与其寸心之所内疚。良念往岁训蒙所苦，积为梅。聊藉此苟合苟完者，以偿昔日之愿望也。自兹以往，且将公之于世，大雅宏达，必有匡其不逮纠其剌谬者。吾侪朝斯夕斯，掇拾而补苴之。安知今日之愿望，不又取偿于将来乎？既以此慰我同人，因书其缘起如此。

　　　　　　　　　　　　中华民国元年九月十八日高凤谦志

陈承泽：
在政治与学术之间

进馆时间：1909 年
职　　务：历任编译员、编审员、法经部部长

陈承泽（1885－1922），清末举人，语言学家、汉语语法学大师，字慎侯，号说难、洗心，福建闽县（今福州市区）人，中国同盟会会员。

提起这位清末民初的陈承泽，今天恐怕很多人都不认识。但在那个大变革的年代，他可谓是一位极具影响的重要人物。河南大学历史学院范铁权、邢昊评价："早年留日的知识背景，使其具备了政治、法律等学科的知识结构，得以利用自身优势介绍西方'宪政'知识，围绕清末民初之多变时局、国家建设等问题多有品评，建言献策；他积极投身学术研究，参与中华学艺社的创建与早期发展，在《学艺》杂志等刊物上发表了大量作品，其《国文法草创》一书问世后曾引起极大反响，并一版再版，影响至今，也由此确定了其在语法学界的重要地位。只可惜陈承泽英年早逝，坊间有关他生平事迹的著述甚少，其事功遂不为后人所知。"[1] 总而言之，陈承泽以品评建言的方式，回应现实社会的政治需求和意识形态的关切，进

---

[1] 范铁权、邢昊：《在政治与学术之间——陈承泽学行述论》，《河南师范大学学报》哲学社会科学版，2020 年第 4 期。

而在学术上扮演一个积极主动和自觉的角色，这正是他处理政治与学术两者关系给后人的启示。

陈承泽于1904年自费赴日留学，就读于明治大学，"习法政，兼治哲理"。他学成归国后于清宣统元年（1909）进入商务印书馆，任编译所编译员。1911年，陈承泽参加辛亥革命在福建的起义，做过福建都督府秘书长。1912年上半年，他曾短期任南京、北京临时参议院参议员，并代表福建赴沪选举孙中山为临时大总统。正式国会产生前，陈承泽即脱离政界重回商务印书馆。从1912年下半年起，陈承泽历任商务印书馆的杂志编审员（包括《法政》《东方》《甲寅》等杂志的编审）、东方部部长、法制经济部部长（1921年，陈承泽因兼任上海《时事新报》馆总编辑事务繁忙，法制经济部部长由何公敢主持，他仍然保留编辑一职），主编《学艺》杂志，还是《民主报》《时事新报》《独立周报》时政论评的主要撰稿人。他还曾与郑贞文一起主编《学艺丛书》，郑负责自然科学，他负责社会科学。此外，《辞源》的编纂也离不开陈承泽，同时他还负责函授学社的国文函授工作等。

陈承泽是张元济、高梦旦十分倚重的技术和管理骨干，是五四运动时期商务印书馆革新的重要"参谋"与"推手"。以《小说月报》为例，其改革就是由高梦旦、陈承泽二人共同商定后开展的。在推荐崭露头角的年轻人沈雁冰（茅盾）出来主办《小说月报》，以及与其探讨刊物改革的具体事宜等，陈承泽自始至终都参与其中。当时，代表商务管理层出面找沈雁冰谈话的，就是高梦旦和陈承泽。革新后的《小说月报》引起人们的广泛关注，刊物成为"为人生而艺术"的文学阵地。沈雁冰在后来的回忆录中一再提到陈承泽，说他被认为是高梦旦的参谋长。

陈承泽毕生致力于汉语语法的研究和词典的编纂工作，强调理论应联系实际，研究的目的是为了解决实际问题，而不是为了研究而研究。他是社会公认的"学问渊博，著述宏富，对于社会多有贡献"的早期语法学家。陈承泽最重要的著作《法制大要》《国文法草创》，在当时影响极大。吕叔湘评价《国文法草创》，"'以少许胜人多许'的评语，著者是可以当之无愧的"。陈望道先生在《中国文法革新论丛》中说："最能从根本上发现问题，而且有很多地方极富暗示，很可以做将来研究参考的，要算是《国文法草创》。"

1922年上半年，陈承泽与商务印书馆同人何公敢等发起创办政论刊物《孤军》杂志；同年9月《孤军》创刊号正式发行。遗憾的是，早在此一个月之前，陈承泽因突发败血症病逝于上海，年仅37岁。他英年早逝，好友郭沫若作短剧《月光》以表纪念。在剧末小识中写道："人之云亡，邦国殄瘁！知音寥落，后起何依？"

　　陈承泽生前发表的著作，主要集中于法政和国语两类主题。他参与编撰、翻译、校订了十多种法政类书籍，对清末民初的法律制度建设有推动之功。他在报纸、杂志上发表的政论文章多达百篇，影响亦不小。陈承泽致力于整理国语文字，提倡言文合一，注重知识普及。这个阶段的法政、国语的研究领域，其著述仍为今人所重视。

　　商务印书馆出版其著作包括《动物与人生》（陈大榕、陈承泽，1928）、《国文法草创》（1922）、《法制大要》（陈承泽、王倬，1913）、《新刑律释义》（秦瑞玠、陶葆霖、陈承泽，1912）、《中华民国暂行刑律释义》（陈承泽、王倬，1913）和《欧美宪政真相》（陈寿凡〈福州闽侯人〉、陈承泽，1917）。

高向瀛：
福州分馆的拓荒人

进馆时间：1911年
职　　务：分馆经理

高向瀛（1868—1946），清光绪十四年（1888）举人，"同光体"闽派诗人。字颖生，号郁离，福建侯官（今福州市区）人。高向瀛是末代帝师陈宝琛的妹婿；其侄儿高赞鼎是民国时期的外交官、爱国诗人，为高士其的父亲。商务印书馆先后出版了高士其的大量科普读物。

戊戌变法时，高向瀛在京师国子监任学习监丞，曾上折言变法。光绪二十七年（1901）他出任浙江台州仙居知县，光绪三十三年（1907）擢升乌青镇（今乌镇）同知。高向瀛极力反对吸食鸦片，在同知任上撰有《乌青镇禁烟会文牍章程欸项一览册一卷》。在浙江为官十年，颇有作为。

光绪三十二年（1906）初，高向瀛从仙居县卸任后抵上海，与高梦旦等人商议设立商务印书馆福州分馆事宜。分馆于同年设立，馆址位于福州南街的塔巷口[1]，经理一职一直空缺。福州分馆的设立与开张，他出谋不少。宣统三年（1911）高向瀛归隐故里，正式入职商务印书馆，成为福州分馆首任经理。

---

[1] 郑拔驾编著：《福州旅游指南》，商务印书馆，1935。

高向瀛是"同光体"闽派的重要推手。民初寓居北京时，与京都诗友过从甚密。他常常参加乡友卓定谋组织的自青榭酬唱，后来还与何梅生（振岱）、刘龙生（敬）组织诗社"三生会"，著有《环粹集》。位于福州乌山花封别径的环翠藏书楼，为高向瀛的曾祖父高鸿湘于嘉庆年间修建。1911年，高向瀛回乡后重新将环翠楼扩建修缮，仍作为藏书之用。高家几代人在此勤藏书、校勘书籍，这在动荡的年代里实为不易。环翠楼扩建修缮竣工之后，陈宝琛、陈曾寿、郑孝胥、严复、陈衍、陈三立、朱祖谋等都曾为之题诗。

朱祖谋（浙江吴兴人，进士出身，官至礼部右侍郎，工书法，晚清四大词家之一）题写的《清平乐·题高颖生环翠楼图》云：

傍家亭沼，倚杖容舒啸。天与围屏新画稿，换了几番残照。
廿年旧梦青墩，荷花也是君恩。一觉江空岁晚，山中自有闲云。

林孝恂：
新学教育的践行者

入股时间：1912年
职　　务：股东

　　林孝恂（1852—1914），字伯颖，福建闽县（今福州市区）人。光绪十五年（1889）己丑科进士，翰林院编修，历官浙江孝丰、海宁、石门、仁和、杭州等地，官至知府、道员、塘工局提调。他是林长民的父亲、林觉民的伯父、林徽因的祖父。

　　林孝恂年少时勤奋好学，聪颖过人，长大后当过家塾教师，后以布衣身份考中进士。光绪二十五年（1899）至三十一年（1905）间，林孝恂三任石门知县。在任内，他重视农业和教育，尤其是奖拔寒门学子而广受好评。

　　林孝恂虽是一介书生、晚清翰林，但他无疑走在了同辈人的前列。在感受"三千年未有之变局"的痛楚下，他能看到实学的重要性，开始接受西方的思想。林孝恂学养深厚，思想开明，这已超越了同辈仕宦"中体西用"的心路历程。他尤其注重教育，强调学以致用，光绪二十八年（1902）改石门传贻书院为石门县学堂（今浙江省桐乡市崇德小学的前身），便是其开创新学之始。

　　这所石门传贻书院对于福州林家来说，可谓缘分不浅。其一，1899年林孝恂初到石门任知县时，把他的侄儿林尹民一起带来。林尹民的同乡好友林文（福建侯官人，清代福建省第一个状元林鸿年的孙子）此时也在浙江，两人同被安排到传贻书院读书。12年后，这一对传贻书院学生的名字响彻中国，他们就是"黄花岗七十二烈士"中的林尹民和林文。其二，1902年林孝恂改石门传贻书院为石门县学堂，开该县新学的风气之先。其三，1929年，县立女子小学并入，改名为崇德县立晚村中心小学，委任徐蕴华（字小淑，浙江石门〈今桐乡市崇福镇〉人，秋瑾女弟子）为校长。徐的丈夫林寒碧，民国才子、反袁斗士，也是林孝恂的侄儿。徐蕴华和林寒碧的女儿林北丽，后来嫁与福州人林庚白，这是后话。林孝恂在石门做了6年知县，与徐家的关系很好。在"秋瑾墓地风波"中，巡抚衙署查探徐自华（徐蕴华的姐姐，秋瑾的挚友，同盟会会员）之事，林孝恂以"徐自华妇人之仁，物伤其类；徐蕴华是女孩子，少不懂事，盲目附从"的轻描淡写，把事隐过。

担任海宁知州时，林孝恂还认识了少年蒋百里与张宗祥，对他们的才华极为赏识。他常在他们应试安澜书院的策论上亲加评论，称两人为"国家栋梁""砥柱"。林孝恂是蒋百里的伯乐，后来还帮助他东渡日本留学。

林孝恂对后代教育的观念颇具新意：一是强调中西文化兼收并蓄，同时要求"求新还须知故"，传统文化不可偏废；二是鼓励出洋留学长见识、增才干；三是男女一视同仁。因此，他不惜耗资在杭州万安桥侧兴建林氏家塾，为子女、族中后辈教授新旧之学。家塾教师既有国学大师林纾、新派名流林白水，还有来自日本与加拿大的外籍教师。对于林家众多子侄而言，小小年纪就有机会接受如此良好的中西文化教育，是当时多少人梦寐以求的。他的儿侄辈如林长民、林尹民、林肇民和孙女林徽因等，都曾经在此学习过。之后，他们中不少人留洋求学，归国后又都为祖国做出了重要的贡献，林孝恂可谓功不可没。

林孝恂在塘工局提调任上兢兢业业，揽全局、简防勇（防勇是指清代维护地方治安的兵士）、督工务、监海况，寒暑无间地奔走于百里海塘之上。宣统二年（1910）他因积劳成疾而辞职，居杭州。辛亥革命之后，林孝恂转往上海，经林长民引荐投股与商务印书馆，助力现代出版事业的发展。

民国三年（1914），林孝恂携孙女林徽因由上海移居北京前王公厂与长子林长民相聚，三个月后不幸病逝。

李宣龚：
商务文化的守望者

进馆时间：1913年
职　　务：历任股东、董事兼发行所所长、
　　　　　经理、代总经理

李宣龚（1876—1952），举人出身，出版家和收藏家、"同光体"闽派诗人，字拔可，号墨巢，福建闽县（今福州市区）人。他是高梦旦长兄高凤歧的高徒，故居在福州三坊七巷光禄山房。

清代两江总督、船政一品大臣沈葆桢是李宣龚的舅祖；父亲李宗言，字畲曾，与林纾同为壬午科举人，后官至江西广信知府、安徽候补道等；女儿李昭实，民国著名的女记者，是将林徽因从"深闺"推向"封面"的"始作俑者"；女婿王一之，文学家和外交家；堂弟李宣倜，曾任慈禧的御前侍卫、民国大总统侍从武官、文威将军陆军中将，梅兰芳从事京剧事业的贵人。

光绪二十八年（1902）李宣龚入职江宁府，次年奉派赴日本负责博览会办展事宜。光绪三十三年（1907）他出任江苏桃源（今泗阳）知县，政绩颇好。之后，李宣龚佐张备，任苏州农工商局副提调，宣统二年（1910）候补湖北知府。时任江宁布政使、护理两江总督的樊增祥是个大诗人、文学家。樊增祥虽然恃才傲物，但也看重李宣龚，桃源知县任期满后，拟擢拔他署上元（南京）令。李宣龚觉得首邑之地难免送迎接待多，势必影响政务，于是借故推辞。樊增祥便依他的意见另作安排，但李宣龚仍然推辞不接受。樊制台（明、清两朝代对总督的尊称）因此十分恼怒，便在李宣龚上呈的文牍上批书"傲不可长"四字。李宣龚的好友陈衡恪（陈三立之子）闻知后，将此四字治印赠予李宣龚，成为一段趣谈。

李宣龚与林旭是同乡挚友、文字至交。戊戌政变，林旭等"六君子"被害于北京菜市口。李宣龚不忘故人，在巨大压力下独自为林旭治丧。李宣龚还厚待在刑场上收尸的义仆朱德贵，不但收留了他，而且让他做管家。嗣后，他还为林旭刊刻遗诗。这段经历令人动容，后来成为人们津津乐道的一段"拔可江湖传说"。

民国二年（1913），经高梦旦引荐，李宣龚作为股东加盟商务印书馆。他初任编译所编审员，一年后担任发行所所长兼董事，以后历任公司经理、代总经理等要职，是商务印书馆工龄最长（在职时间近40年）的福州人。他长期与张元济、高梦旦比肩共事，逐渐成为商务印书馆最重要的管理者，成为商务印书馆集体领导的"五先生"之一，与张元济、鲍咸昌、高凤歧合称"商务四老"，被张元济赞为"少数几个可以代表全公司"的商务人。

"他气宇恢宏，虑事周密，长于折冲应变，馆中遇有重大外事时，菊老常托他处理，称非拔翁莫属，但他从不以事功自居。他待人接物，谦逊平易，富有感情。"[1] 他掌管企业的具体经营业务，尤其是出版发行业务，工作十分繁忙。他一年中经常奔走于全国各地，周旋应对诸多要务，协调解决各种问题，劳苦功高。"一·二八"事变日机炸毁商务印书馆后，作为经理的他和何炳松等人具体负责企业的善后工作，是商务再兴的功臣之一。抗战胜利后，在王云五、朱经农离开商务印书馆后的一段较长时间里，他作为代总经理坚守岗位，竭尽全力支撑着企业的经营与管理。

李宣龚十分注重实业的发展。他与刘鸿生等人合作，于1920年创建华商上海水泥股份有限公司龙华厂（上海水泥厂的前身）；1929年与人共同投资创立华丰搪瓷股份有限公司。这两家企业发展迅速，经营效益明显，后来龙华厂成为亚洲最大的水泥厂。当时中国的搪瓷市场几乎被欧美的产品所占有，自华丰搪瓷厂成立后，其质优价廉物美的国货形象，迅速扭转了市场局面。"故华丰搪瓷出品销行于国内各地及南洋一带，其在浦东之工厂乃我国搪瓷厂之最大者也。"[2]

李宣龚一生致力于优秀传统文化的传承工作，躬亲校勘古籍，也主持

---

[1] 杨扬著：《商务印书馆：民间出版业的兴衰》，上海教育出版社，2000。
[2] 李元信编：《环球中国名人传略：上海工商各界之部》，上海环球出版社，1944。

刊行新书。他曾与陈叔通等人出钱置地建起合众图书馆（上海图书馆前身）并任董事，将自己精心收藏的经史子集各类图籍千余册和师友简札、书画、卷轴等全部捐与该图书馆。他热衷于文化推广，常常毫无保留地将所藏的珍品借给商务印书馆影印、交流。1929年商务印书馆借其宋画"不戒于火，毁去其五"，后又借其书画不幸毁于"一·二八"战火，他却从不计个人得失。他进商务印书馆所做的第一件大事就是主持影印出版《宋诗钞》，主政后用心参与《东方杂志》《小说月报》两份刊物《文苑》栏目的改革，为古诗词的存续和发展特别倾注了一份心力。他以文化守望者的姿态，在新学、新文化的主阵地上为传统文化守住了一块田地。此外，商务印书馆古代艺术资源的开发，与李宣龚收藏有关。商务印书馆艺术类出版物的代表，包括《天籁阁旧藏宋人画册》《墨盦集锦》《墨盦集锦续集》《墨巢藏宋人画册》《墨巢秘笈藏影》，以及《伊墨卿先生真迹》和《伊墨卿先生自书诗册》等，都是李宣龚奉献给社会和广大读者的珍品。后人评价说张元济校古籍，高梦旦编教科书，李宣龚因重视艺术而成为这一门类出版资源挖掘开发的催生者。

高梦旦、李宣龚热心为闽派诗人与商务印书馆"牵线搭桥"。经他们引介，福州近代颇具影响的诗人文集，多在商务印书馆出版。如林旭的《晚翠轩诗》、严复的《瘉壄堂诗》、沈瑜庆的《涛园集》、陈衍的《近代诗钞》与《石遗室诗话》、刘蘅的《蕙愔阁集》，以及包括李宣龚的《硕果亭诗集》和郑孝胥的《海藏楼诗》等。此外，他们还将先贤陈寿祺、梁章钜父子的专著引入商务出版发行。今天，随着时代的进步，这些沉寂已久的文化成果开始得到越来越广泛的重视，高梦旦、李宣龚等人曾经的不懈努力为人们重新认识与肯定。

李宣龚为人谦和，善于结交，当时中国的文化名流如梅兰芳、齐白石等，几乎都是他的好朋友。"佳士姓名常挂口，平生温饱不关心"是李宣龚书赠张大千的一副楹联。此联对张大千平生为人评价到位，且刻画传神，成为张大千的至爱。

李宣龚著有《顾果亭诗》《墨巢词》。其主编的经济学专著及其编撰的《巴拿马太平洋万国博览会要览》等书籍由商务印书馆刊行。

附　　录

读双辛夷楼词致李拔可[①]

胡　适

拔可先生：

今天收到《双辛夷楼词》，读完之后，高兴得很。令先公的词最合我的脾胃。他最得力于《花间》[②]及周美成[③]、辛稼轩[④]。琴南先生作《墓志》，说他所填词无一折涉南宋，其实不尽然。如页二的《朝玉阶》似是学蒋竹山[⑤]。此册词虽不多，然很多可传之作，我最喜欢的有："吸尽三杯酒，流莺促上雕鞍。出门望望风吹面，谁信泪流干？他日小楼频倚，不须短啸长叹。但须汝自多眠衾，便是我加餐。"（《圣无忧》）又如《春光好》云："盈盈水，向东流，送闲愁。愁自不随流水集西楼。散入个人怀里，催伊梦到凉州，看取弯弯城上月，十分秋。"这都是绝可爱的小词。集中咏物词绝无南宋词匠堆砌典故的习气。如《衰柳》云："情丝牵不断，煞有展眉时。"《芭蕉》云："摘来和露写相思，要等一行秋雁过，寄与天涯。"咏物诗如此便足，此是咏物正家。放翁词云："零落成泥碾作尘，只有香如故。"又云："催成清泪，惊残好梦，又拣深枝飞去。故山犹自不堪听，况半世凄然羁旅。"咏物词只应如此，正不必须掉书袋、搬典故也。因读令先公《芭蕉》词，偶忆我前年读范石湖[⑥]《瓶花》绝句，曾戏作小诗云："不是怕风吹雨打，不是羡烛照香熏。只喜欢那折衣的人，高兴和伊亲近。花瓣儿纷纷落了，劳伊亲手收存，寄与伊心上的人，当一封没有

[①]《读双辛夷楼词致李拔可》一文，原刊登在《东方杂志》第二十五卷第六号第82页。《双辛夷楼词》的作者李宗祎，别署双辛夷楼主人，李宣龚的父亲。

[②]《花间》指"花间词"，是一种活跃在晚唐和五代的中国词派，以温庭筠为鼻祖，因《花间集》而得名。

[③]周美成，北宋时期著名词人。

[④]辛稼轩，辛弃疾的别号，南宋爱国将领、文学家，豪放派词人，有"词中之龙"之称。他与苏轼合称"苏辛"，与李清照并称"济南二安"。

[⑤]蒋竹山，蒋捷的名号，字胜欲，南宋词人，与周密、王沂孙、张炎并称"宋末四大家"。

[⑥]范石湖，范成大的晚号，南宋名臣、文学家，与杨万里、陆游、尤袤合称南宋"中兴四大诗人"（又称"南宋四大家"）。

字的书信。"写呈先生一看，不甚颇有词的意味否？近年因选词之故，手写口诵，受影响不少，故作白话诗多作词调，但于音节上也有益处，故也不勉强摆脱。

适敬上

十七・三・八夜

江畬经：
博学多才的大管家

进馆时间：1914年
职　　务：历任编译员、事务部部长、图书馆副馆长

江畬经（1863—1944），举人，浙江山阴知县、宁波知府，字伯训，福建闽侯人（白沙阜宅江氏），"涵芬先生"吴曾祺的弟子。

他曾担任福州致用书院讲席，与林师望出策论"海防议"。辛亥时期，他任宁波知府署理鄞县县令，暗中帮助革命党人。宁波光复他起了很大的作用，之后被推为宁波军政分府民政长。1913年5月，福建省首任民政长（民国初期省一级的政务主官）张元奇辞职离闽，民政长由江畬经护理，直至1914年5月许世英正式接任。"护理"政制出自清代，指官吏出缺，由次级官守护印信并主持工作、处理事务，民国初期也仿效沿用。而另一政制"署理"则源于古代，通常指官吏离任或出缺，由其他平级或上一级的官员暂时代理职务。

此后江畬经淡出政坛，1914年下半年转身进入商务印书馆编译所，专注于编辑出版。他从编译员起步，两年后出任事务部部长，兼管涵芬楼。他博学多才，精明能干，是编译所管理幅度最大的一位部门长，管理范围包括文牍、舆图、图画、图版、美术、校对、书籍、统计、成本、会计和综合庶务等，下属主任、编辑和职员最多时达80多人，在商务印书馆工作

近20年直到退休（1932年"一·二八"事件后）。东方图书馆成立后，王云五任馆长，他任副馆长实际主持工作。

他还主编《国文函授讲义》，参与《万有书库》的编纂以及国文函授工作。其编撰的《古今格言》《朱子小学节本》《历代小说笔记选》《中外新游记》等由商务印书馆出版发行。

郑贞文：
科普推广的先行者

进馆时间：1918 年
职　　务：历任编审员、理化部部长、化学名词审查委员会主任

郑贞文（1891—1969），教授，著名的化学家、编译家和教育家，字心南，福建长乐（今福州市区）人，秀才出身，中国同盟会会员。

早在1913年留日期间，郑贞文由旧友陈承泽推荐，成为商务印书馆的编外编译员，负责主持编纂《综合英汉大辞典》初稿，召集留日同学参与。该稿后经黄士复（福州人）、江铁等修订后出版。

1918年秋日本东北帝国大学毕业后，郑贞文应邀正式加盟商务印书馆编译所，担任理化部编审员，后升任理化部部长（兼任南京教育部化学名词审查委员会主任等职），在馆时间长达十余年（1918—1932）。其间，1920年10月应陈嘉庚之邀，郑贞文参与了厦门大学的创建，兼任教授、教务长代主持校务工作（厦大校歌歌词由其创作），为厦门大学的初创立下了汗马功劳。1921年8月，郑贞文回商务印书馆编译所，同时引荐何公敢接陈承泽出任法制经济部部长。郑贞文还曾担任编译所的工会主席。

怀着"科学救国、教育救国"的思想，郑贞文为传播近现代科学知识和发展教育事业做出了重要贡献，尤其在统一化学名词方面做出了奠基性的工作。近代化学传入中国以来，化学名词的中文译名一直是困扰学术界的一大难题。在日本读书时，郑贞文就开始关注化学名词的中文命名问题。回国后，尤其是在商务印书馆工作期间，他更是做了进一步的系统研究。他以中国原有文字为主，或采用中国文字的特点，另创新字。他按照元素的物理状态，将气态元素加"气"字头，液态加"氵"的部首，非金属元素加"石"字旁，金属元素加"钅"字旁以示区别。在他所著的《有机化学命名草案》中，针对有机化学中名词复杂、译音冗长的特点，摒弃了单纯译音方式，以自创新字为原则。选用新字的部首，如"艹""火""酉""月"等，这种方法可以拼成成千上万种有机化合物所用的化学名词，将错综复杂的外国有机化学名词，译成统一的中文用语。他是我国统一化学名词的主要奠基人。

20世纪初期，商务印书馆开始编辑出版中学理化教科书。参与这项工作的福州人有不少，其中由郑贞文主编、著述出版的自然科学书籍就多达数十种。值得一提的是，1929年出版的新时代高中《化学》是我国化学家自编的第一套高中教材，其编纂者即为商务印书馆编译所物理化学部部长郑贞文。该书出版后同样风行全国，多次再版，成为20世纪三四十年代我国广泛使用的高中化学教材之一。

为弥补民国初期社会教育的一块严重缺失，商务印书馆把科学普及作为当务之急，通过出版平台以通俗易懂的方式，把自然科学和社会科学知识推广给公众，尤其是年轻人。郑贞文是科普推广的先行者。20世纪初叶，在他的领衔之下，商务印书馆推广科普知识首开先河。由此开辟的中国现代科学知识的传播与普及的新途径，广泛且深刻地影响着那一整代的中国人。郑贞文为传播科普知识用心良苦。比如为了介绍爱因斯坦的相对论，他曾经精心编排了一出科学独幕戏《爱之光》，用通俗易懂的舞台表现形式把相对论的科学知识向广大民众传播。他主持编写出版了《少儿自然科学丛书》12种，还编辑出版了化学、物理学、植物学、人类学等教科书、科普读物30余种，影响极大。郭沫若曾评价郑贞文等人在商务印书馆"实际上已经是不可缺少的中坚人物"。

1916年，我国留日学生在东京创立学术团体"丙辰学社"（后改名中华学艺社），旨在"研究真理，昌明学术、交换智识"。社刊《学艺》杂志，主要发表研究成果及介绍东西方科学文化，中华学艺社成为民国时期三大民间科学机构之一。郑贞文是该社发起人之一，对社务和刊物出版工作贡献很大。1920年，郑贞文被推举为临时总干事。他即利用商务印书馆工作之便利，经与张元济、高梦旦商议后将《学艺》杂志归由商务印书馆排印发行。《学艺》杂志改为月刊，仍由学艺社负责编辑供稿。陈承泽和郑贞文担任编辑主任，陈负责社会科学，郑负责自然科学。郑贞文亲自为刊物撰写了许多不同学科、多种类型的文章，还组织出了多种丛书。1923年丙辰学社改名中华学艺社时，郑贞文因工作成绩显著，在机构改组中以最高票连任总干事。

在上海商务印书馆工作期间，郑贞文还是上海自然科学研究所的筹办者和大学丛书委员会委员。1932年，郑贞文等发起成立中国化学会。这是我国成立较早、影响较大的自然科学专门学会之一。学会成立后，他连任五届（1932—1937）理事，是《中国化学会志》创刊总经理。中国化学会福州分会也是由他创建的，并担任该分会会长多年。

1932年淞沪抗战商务印书馆被毁解散，郑贞文回闽出任福建省教育厅厅长之职，历时11年。在此任上，他普设公立中小学、推行教师聘任制、提倡使用普通话教学、引进省外人才、举办高中会考、培养专门人才、创办福建科学馆等。这一系列措施促使福建省教育面貌大为改观，教学质量日益提高，逐渐缩小了与京、津、沪等先进地区之间的差距，跻身于全国教育的先进行列。

其专著《营养化学》《无机化学命名草案》《综合英汉大辞典》（郑贞文、周昌寿等主编）《有机化学概要》《化学命名原则》《自然科学辞典》《闽贤事略初稿》《化学本论》（译著）等，由商务印书馆出版。

何公敢：
汉字检索的开拓者

进馆时间：1921年、1927年
职　　务：历任法制经济部部长、杂纂部主任

何公敢（1888—1977），教授，同盟会成员、著名的爱国主义者。原名崧龄，笔名炳炎，福建侯官（今福州市区）人，家住福州朱紫坊，祖籍福建福清。

何公敢的父辈声名在外：三伯父何晋德，进士出身，历官六部员外郎、惠州知府；四伯父何咸德，进士出身，翰林院编修、四川宜宾知县、四川乡试同考官；五伯父何刚德，进士出身，历官苏州知府、民国江西省代省长，中国创办警察局的第一人。

他曾经两次东渡求学，先后毕业于日本弘文学院、京都帝国大学，参加过辛亥革命。辛亥福建光复后，何公敢从日本归国，出任福建省盐政正监督。1920年，何公敢第二次从日本归国，经邓萃英（何公敢侄女婿、厦门大学首任校长）推荐受聘为厦门大学教授兼总务长，次年7月经陈承泽、郑贞文推荐到商务印书馆编译所工作。1928年后，他历任福建省政府秘书长兼盐运使、私立福建学院（原私立福建法政专门学校、福建大学）院长、国民革命军总司令部政治部宣传处长、福建省财政厅厅长。1937年全面抗战开始，由留日学友郭沫若推荐，何公敢担任国民政府军委会政治部第三厅战地文化服务处总干事。1941年他由沈钧儒、章伯钧二人介绍加入中国民主政团同盟（1944年9月改名为中国民主同盟）。1948年1月，何公敢和何香凝、冯玉祥、谭平山、朱学范、朱蕴山、蔡廷锴等人一起当选为中国国民党革命委员会第一届中央委员会常委（宋庆龄为名誉主席，李济深为主席）。1949年，他当选为全国政协委员，继续担任私立福建学院院长，后历任福建省司法厅厅长、省民盟副主委。

何公敢两次受聘于商务印书馆（第一次在职时间是1921年7月至1927年3月，第二次在职时间为1927年8月至1928年5月），先后担任法制经济部部长、杂纂部主任，是五四运动时期商务印书馆革新的主要骨干。张元济和高梦旦对何公敢的开拓精神、业务水平和领导能力都十分首肯。因此，高梦旦让贤时曾经考虑由何公敢来接替自己。可以说在胡适、王云五之前，何公敢是编译所所长的第一个人选。但是高梦旦很快就改变了主意，主要原因是担心举荐福州老乡会引起企业内部的负面影响，同时高还认为何的心气在"政"而不在"商"，让他长期效力于出版企业的可能性恐不大。就这样，何公敢与商务印书馆编译所所长的岗位擦肩而过，似乎有点小遗憾。

1925年10月1日，中国民盟召开第一次全代会，何公敢当选中央委员（照片三排左起第一位为何公敢）

商务印书馆出版有关日本经济方面的译著，何公敢皆有劳绩。他翻译《财政总论》、主编《日用百科全书》、编纂《英汉字典》和著述《公债》等，其中《公债》收入商务"万有书库"丛书。在商务印书馆工作期间，何公敢还参与编纂《中国年鉴》《综合英汉大辞典》《标准汉译外国人名地名表》《新文化辞书》等；对原来研究的检字法重新深化，创造出《形母检字法》，是汉字检索的重要开拓者之一。他还与陈文（福州连江人）等一道对"四角号码检字法"进行审定并制定实施方案，助力王云五编纂出版《四角号码词典》。

福州第二中学的前身是1911年刘崇佑、林长民等创办的私立福建法政专门学校附属中学（1929年改称福建学院附属中学）。附中创办初期，受经费不足的影响，校址设在福州道山路怀德坊八旗会馆内，办学规模较小。1930年何公敢主政福建学院时，购置了前米仓旧址为新校址，兴建教学楼、图书馆、运动场及配套设施，学校才初具规模。福州第二中学门前的那段路现名光禄坊。

唐钺：
现代心理学奠基人

进馆时间：1922 年
职　　务：历任编译员、哲学教育部主任、
　　　　　杂志主编

唐钺（1891－1987），教授，修辞学家、中国现代实验心理学家、心理学史家和心理学翻译家，中国心理学学科的奠基人之一。原名柏丸，字擘黄，福建闽侯（南屿垚沙，今称尧沙，属福州高新技术开发区管辖）人。

他早年就读于鹤龄英华书院（光绪七年由教会创办，得到福建商人张鹤龄捐资）和福州中等商业学校；1906 年参加同盟会福建支部地下组织，1910 年考入北京清华学校学习。1914 年清华学校毕业后赴美国留学，先后在康奈尔大学和哈佛大学完成了学业，获哲学（心理学）博士学位。他是首位获得世界著名学府哈佛大学哲学（心理学）博士学位的中国学者，是中国早期留美学生中最早专门研习心理学的学者之一。在哈佛大学留校任教期间，他结识了当时正在美国考察大学教育的北京大学校长蔡元培。1921 年，在蔡元培的邀请之下，唐钺回国出任北京大学教授，后任清华大学心理学教授。

1922 年至 1926 年，唐钺在商务印书馆工作，历任编译所编译员、哲学教育部主任，还担任过《教育杂志》的主编，身体力行地促进了我国心理学事业的早期发展，是当时商务的业务骨干之一。在这期间，他作为当时科学派的主力学者之一，积极参与了1923—1924年科学派与玄学派之间展开的所谓"人生观论战"——科玄论战。他坚持"科学可以解释人生观的全部"，认为一切心理现象都是受因果规律所支配的，天地间所有现象都能够成为科学研究的对象。那场科玄论战影响深远，至今有人认为，近一百年前发生在中国思想文化领域的这场论战，所涉及的不少问题到现在仍未彻底澄清。

唐钺在科玄论战中共发表文章五篇。第一篇文章《心理现象与因果律》强调："一切心理现象是受因果律所支配的""因果律是从经验得来的"。第二篇文章《"玄学与科学"论争的所给的暗示》，与梁启超那篇《关于玄学科学论战之"战时国际公法"》性质相当。第三篇文章《一个痴人的说梦——情感真是超科学的吗?》是针对梁启超《人生观与科学》中的论点而发的，认为"爱"与"美"之情感也是可以分析的。第四篇文章《科学的范围》是针对老乡林志钧对丁文江的质疑，"以为天地间所有现象，都是科学的材料"。最后一篇文章《读了〈评所谓"科学与玄学之争"〉以后》是针对范寿康的驳议而发的抗辩，坚持"科学可以解决人生观的全部"。此五篇文章都很精彩，足见唐钺的学术水平和文字功力。

1928年，受中央研究院院长蔡元培的委托，唐钺负责筹建中央研究院心理研究所并担任首任所长兼研究员。他白手起家，克服了种种困难，建立起中国第一个心理学专门研究机构，完成了蔡元培委托的任务。后返清华、北大执教心理学。他几十年如一日，潜心于教学、编译和科研工作，著述颇丰。他强调科学基础训练的重要性，重视心理学的实验研究和心理的生理基础研究，主张以历史唯物论有关心理形成的规律为起点，发现和认识心理活动的法则。他还特别强调心理学基础理论研究和实际应用不能偏废。

唐钺学富五车，造诣精深；博古通今，横贯中西。他除了在开拓和发展我国心理学事业方面做出了重要的突出贡献，在整理国故、编纂辞书、翻译名著诸方面成就亦卓著。他对先秦诸子进行研究，有不少独到的见解。他也是我国著名的修辞学家，其撰写的《修辞格》一书是我国最早且全面系统地对修辞格进行研究的专著。

商务印书馆出版唐钺的译著有：《论思想流》《道德形而上学探本》《功用主义》《人的义务》（上、下册）、《论人生理想》《论情绪》《心理学原理》（选译）、《宗教经验之种种》（上、下册）、《感觉的分析》（与洪谦、梁志学合译）、《唐钺文存》等。

黄葆戉：
书画大家　金石巨匠

进馆时间：1922年
职　　务：历任编译员、编审员、美术部主任

黄葆戉（1880－1968），书法家和篆刻家，精隶体、善山水，一代书画金石篆刻巨匠。字蔼农，别号青山农，福建长乐（今福州市区）人。

黄葆戉系宋儒黄勉斋二十二世孙；其父黄霁亭，字淇彬，行武出生，光绪间任闽浙督右二品参将，参加过甲申中法马江海战，以功诰诰封武显将军。

他早年毕业于全闽师范学堂、上海法政学堂，民国时期曾任福建公立第一图书馆馆长（福建省图书馆前身）、福建甲种商业学校监学等职。

黄葆戉于1922年进入商务印书馆任编译员、编审员，负责审定、校对出版宋画、阁帖，后继黄宾虹、吴待秋之后任编译所美术部主任，前后长达20多年。他参与了神州国光社工作，搜集出版历代书画作品。他还是上海美术专科学校、上海大学的兼职教授。1945年抗战胜利后，他辞去商务印书馆职务，以鬻艺自给。1949年后，黄葆戉受聘为上海文史馆首批馆员。

黄葆戉的"青山农体"书法与王福厂、马公愚齐名，人称"海上三老"；审定书画与姚虞琴、吴湖帆、张大壮并称，号"沪滨四慧眼"。郑孝胥之后的商务印书馆馆名匾额题字改为采用黄葆戉之书法，商务出版物的书眉题签亦多出自其手。吴昌硕先生评价："蔼农先生喜篆，雄浑古穆中能得自然之气，真大手笔也。"

1935年商务印书馆以珂罗版刊行其《青山农书画集》，1938年出版《青山农分书千文》。

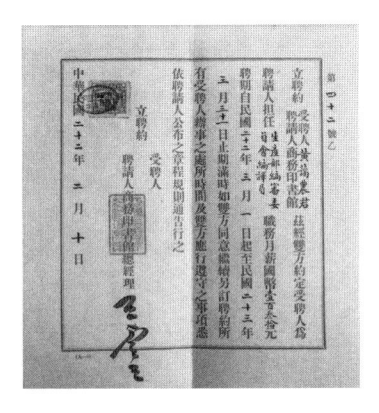

商务印书馆总经理王云五与黄葆戉签订的聘约书

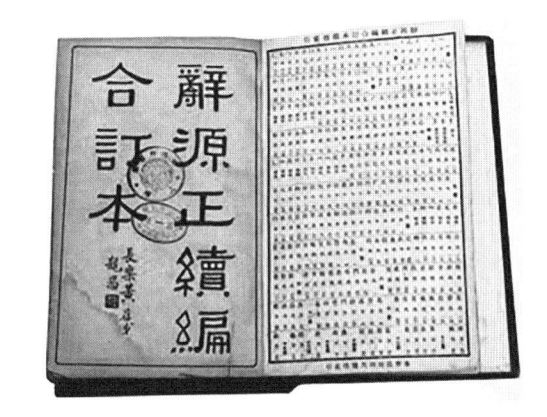

1939年黄葆戉题签《辞源》（正续编合订本）

林志烜：
《四部丛刊》的大功臣

进馆时间：1922年之前
职　　务：历任编译员、旧书部部长

林志烜（1878—1949），进士出身，收藏家、学者。字仪正，号仲枢、籀盦，福建闽县（今福州市区）人。他的曾祖父林春溥，进士出身，翰林院编修，清代教育家和历史学家，是林则徐的老师。

林志烜早年毕业于福州乌石山东文学堂（全闽师范学堂的前身），同学包括李景铭、林志钧、方兆鳌、程树德、陈宗蕃、黄懋谦、锺麟祥、陈遵统、沈寿铭等人[①]。在东文学堂学习期间，1899年黄展云等创办近代民主革命志士的摇篮——福州蒙学堂，方声涛、林志烜等参与创办或兼任教员。之后留学日本，在早稻田大学攻读学业。1904年，他回国完成科考会试之后，参加清朝最后一次恩科殿试，获二甲第十三名，赐进士出身，后授翰林院编修。

明清两朝的科举制度相近，科考分为童生试、乡试、会试和殿试。乡试为"省考"，参加的对象为通过童生试的生员（亦称秀才），省考成绩合格者为举人，第一名称解元；会试是举人在京城统一参加的"国考"，成

---

① 马忠文主编：《近代史所藏李景铭档案》，国家图书馆出版社，2021。

绩合格者为贡士，第一名称会元；殿试是由皇帝亲自主持的进士考试，参加对象为入围的贡士，结果分三甲：第一甲三名，赐"进士及第"，依排名通称状元、榜眼、探花；第二甲人数若干，赐"进士出身"，二甲第一名通称传胪；第三甲人数最多，赐"同进士出身"。

关于林志烜在京参与会试的名次争议，疑团始终莫释。当代青年女诗人李让眉曾经做过考证，认为"林志烜是科考裙带黑幕的直接受害者"。鉴于林志烜的生平资料匮乏，可见的仅寥寥"散馆授编修"几字，正好以下节录李让眉的一家之说《遇到林翰林》聊以补充，亦当作轶事趣闻吧。

"甲辰科榜眼朱汝珍在《词林辑略》里说，林志烜乡试直中解元，到了全国会试时又是力压侪辈，试卷经几位主考评定，成为会元之选。当时的主考之一是湖南的张百熙，于四大主考中居于第二位，有点会魁（即会试第二）之权。他拿着林志烜和另一份湖南的卷子对位居他后的两位主考说了这样一番话：'吾乡二百余年，三鼎甲具备，独少会元。场中得湖南一卷，写作俱佳，以正大光明次序论，吾班次第二，例中会魁，科举将停，机会难在，情商裕相，庶使吾乡科名免有缺陷。'——因清朝开国以来，湖南从来没出过会元，张百熙便要匀他们这位原应点第二的卷子一个会元，来给湖南撑门面。裕相便是当时可定会元的首席主考裕德，是四大主考'正大光明'中的'正'。裕虽官位高于张百熙，但进翰林院却晚于他，严格算来还是后辈，自然早早卖了他这个面子。用籍贯取仕——何其无稽的理由。然而话说回来，另两位主考又有何必要因这无稽，为了一份封着名的卷子去否他？于是最终，具会元之才的林志烜被点了第三，与会元擦肩而过。拆卷时几位主考见其是解元出身，都暗叫了一声可惜——若是他得中会元，殿试的时候只要不失手，是极可能顺水推舟被点状元，凑个连中三元的好彩头给慈禧太后高兴的。而以他二甲十三名的成绩来看，他也确实没有失手。那位顶包上去的会元是后来民国的国民政府主席谭延闿，虽然当时得中会元，但因是湖南人姓谭，犯了谭嗣同的姓氏籍贯被慈禧所厌，最终也没能进入三甲，殿试被点在二甲第三十五名，还要更逊于林志烜。""后来清朝亡了，林志烜没有去做民国的官。再后来日军来了，他却也没有去投伪满。一个在会试史论、策论、四书五经道中俱能睥睨中西洋洋万言，并被众位考官点为有会元之才的翰林，最终却选择了不再出仕。我后来又在商务印书馆的一份名录上看到了他的名字——林志烜，清末翰林，负责古书选校。"

林志烜入职商务印书馆的时间不详，大约在1922年之前，初为编译员，负责古书选校。商务印书馆规划刊印大量古籍，成立旧书部聘樊少泉为部长，编千种丛书书目。1923年樊少泉离职后林志烜继其任。涵芬楼暨东方图书馆的建设与发展，林志烜多有劳绩。他参与《四部丛刊》的编订，其中的典籍《唐文粹》等由其主持校刊。张元济在《四部丛刊刊成记》中特记其名，并称"敝友林君仲枢，其旧学渊通，弟自愧不甚"。

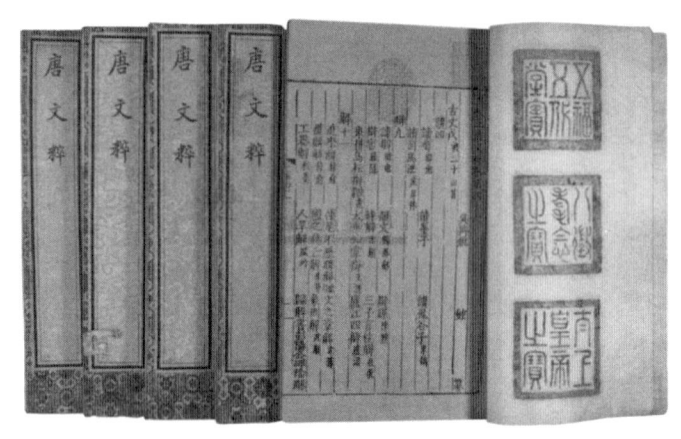

林志烜主持校刊的典籍《唐文粹》书影

林志烜后来离开上海商务印书馆前往北京。他擅长山水画作，喜好收藏，客居北京期间的1927年，与华疑梁、汪崇甫等发起成立宜南画社，形成一定的规模。他常在画社与同辈交流书画技艺和字画藏品，每月必出画册数集，颇有成果。他曾为朋友之作松柏山居图题诗："高台于水着孤亭，松柏传来太古青。当面远山留返照，蔚碧天色饷云瓶。"其诗书旧学功力可见一斑。晚年，林志烜返回上海定居，以鬻画自给来维持生计，卒年七十有二。

陈懋解：
民国末任的"当家人"

进馆时间：1949 年
职　　务：总经理

陈懋解（1889－1973），字夙之，福建闽县（今福州市区）人。出生于人称名门望族"螺洲陈"的福州螺江陈家，为末代帝师陈宝琛的侄孙，李宣龚之妹夫。

他 1909 年毕业于美国柯克学堂，1912 年毕业于美国康奈尔大学土木工程专业。归国后历任南京海军军官学校教官、国民政府建设委员会专门技师、水利处处长、国立中央大学（今南京大学）工学院院长、华北水利委员会委员长等职。20 世纪 30 年代初期，他和茅以升等共同创办"中国水利工程师学会"并被推为理事。

陈懋解是张元济的挚友，两人过往从密。1949 年 1 月，陈懋解接任商务印书馆总经理之职，成为民国时期商务印书馆最后一任 CEO。1966 年夏天他赴香港探亲，后来移居美国。

陈懋解的族人上海复旦大学历史教授陈绛曾经在《东方早报·上海书评》有个访谈录，其中谈及"陈懋鼎有个幼弟陈懋解（夙之），出生时正值陈懋鼎中光绪己丑（1889）恩科解元，所以取名懋解，20 岁（1909）在美国柯克学堂毕业，入康奈尔大学学土木工程，1912 年毕业，胡适在那一年才入康大。他曾笑着对我说,'懋解'的英文名字简写MK,班上同学就叫他'猴子'(monkey)。他后来做过华北水利委员会的委员长、南京中央大学工学院的院长。20世纪30年代初他和茅以升、张含英等发起组织'中国水利工程师学会',被推为董事。商务印书馆的总经理原是王云五,后来是朱经农,王、朱都和国民党关系密切。上海解放前夕要推一个无党无派的总经理作过渡,1949年1月李拔可、陈叔通等商务董事讨论后,便请陈懋解继任总经理,但他只在1949年初到1950年代上半叶做了短短一段时间。他原来住在中山公园附近的兆丰别墅,上海解放前夕,为了避免战争炮火波及,便迁到市中心王云五原来住的静安别墅。陈懋解和张元济是很好的朋友,那段时间我见他常常去淮海路上方花园张元济的家,商量商务馆的事。他的夫人是著名文人李宣龚(拔可)的妹妹。他1966年夏天去香港探亲(那时他儿子在香港,后来去美国),再也没有回来。他的两个儿子陈纲、陈约和女儿都在美国,他晚年移居美国,多年前病故"。

张元济、陈懋解主编的《张元济选节》由商务印书馆出版;他作为商务发行人出版了《性心理学》《神曲:地狱》《普通结构学》等译著。

沈觐宜：
商务印书馆的经济学家

进馆时间：不详
职　　务：历任分馆经理、总馆驻香港代表、编审委员会委员，股东

沈觐宜（1895—1969），机械制造专家和经济学家。字来秋，福建侯官（今福州市区）人，清末船政一品大臣沈葆桢的曾孙、民国福州船政局局长陈兆锵中将之婿、台湾三军大学教育长林溁将军的岳父。

沈觐宜从1910年起先后就读于青岛大学和同济大学。1916年同济大学机械系毕业后，他到福州船政局工作，历任工程师、造船少监和海军制造学校教官等职。1920年，沈觐宜公派赴德国留学，获法兰克福大学经济学博士学位。他于1924年归国，重返福州船政局出任制机主任、军需主任。1926年，他和船政局的巴玉藻（中国飞机制造的先驱者，时任船政局飞机制造处主任）、王助（时任船政局飞机制造处副主任，曾任波音公司第一任总工程师）等人，发起成立"海军制造研究社"。这是中国最早的专门研究舰船、飞机制造和其他工业技术的学术研究团体，出版发行《制造》（季刊）刊物，吸引了江南造船所等全国各大造船厂的工程技术人员和科技界的专家、学者，在全国影响极大。海军制造研究社和《制造》杂志对于中国早期的舰艇、飞机制造及其他工业和科技的研究起到了积极的推动作用。研究社关于科技强国重要性的认识及其倡导的科研思想和方

法，至今仍有现实意义。

沈觐宜离开船政之后，出任福建省金库库长，后又转行教育界。他历任福建学院、厦门大学教授，同济大学教授兼教务长，云南大学、华中大学教授兼经济系主任；中华人民共和国成立后，担任福州大学教授、福建农学院教授兼经济系主任等。他是中国现代第一批经济学家之一，是中国近代理论界最早关注国家资本与公司关系的学者。

作为中国现代最早的经济学家，沈觐宜还曾入职商务印书馆，先后担任商务印书馆福州分馆经理、商务印书馆驻香港代表、编审委员会委员。沈觐宜还是商务印书馆的股东。

他一生译著颇多，是《战国策派文存》的作者之一，遗著有《莺唤轩剩稿选》。在此，特别解读一下《战国策》派：1940年，以云南大学、西南联合大学的林同济、陈铨、雷海宗、贺麟教授为核心人物，以及何永佶、朱光潜、费孝通、沈从文、郭岱西、吉人、二水、丁泽、陈碧生、沈来秋、尹及、王讯中、洪思齐、唐密、洪绂、童寯、疾风、曾昭抡、曹卣、星客、上官碧、饤口等26位"特约执笔人"（其中唐密为陈铨的笔名、尹及为何永佶的笔名），为了表示对中国文化发展的态度及积极的入世精神，以古代的谋臣或策士自诩，共同在昆明创办《战国策》（半月刊）杂志。他们因此被称为"战国策"派。"战国策"派以重建中国文化为宗旨，主张文化形态史观，提出文化重建构想，大谈"大政治"学说，抨击官僚传统，检讨国民性，提倡民族文学运动，在学术思想界掀起了不小的风波。一时间，"战国策"派名声大噪。沈觐宜（来秋）是"战国策"派的重要成员之一。

来自福州的"商务"编辑

第二辑

商务印书馆发展壮大的一个重要原因,很大程度上得益于有别于其他行业的编辑规范制度的保障。这个制度的影响广泛且深远。我国当代的编辑规范制度,就是在借鉴以商务印书馆为代表的近现代出版企业经验的基础上,不断优化而形成的。

从编写小学教科书伊始,张元济、高梦旦等人就着手建立健全编辑规范制度,为编辑人员提供最基本的办事原则和工作规范,约束其从业行为。商务印书馆首创的编辑业务"三审三校"制度,以严格、细致而称著,成为同业之典范。同时,商务印书馆编译所岗位分工也趋于完善,编译所所长(相当于社长)、部长或主任(相当于总编辑)、编审员(相当于编辑室主任)和编译员(相当于普通编辑)的管理层级清晰,权责明确,利于各司其职。

来自福州的编辑群体,是商务印书馆编辑规范制度的参与者与执行者。他们人数较庞大,且多人位居要津。其中有的身份双重,既是管理者又是编译者,有的专司编译、编审,但都自觉地接受制度的约束与监督,认真履职。他们编辑出版满足时代需求的政治、经济、法律、文化和教育等高质量的书籍,包括编写中小学教科书、编纂辞书字典、译述外文书籍、主编杂志、刊印古典古籍和科普读物等,成绩斐然,成为商务出版物影响中国近现代化进程的一支重要的推动力量。

由于资料的匮缺,我们无法全面了解在商务印书馆工作过的每一位福州籍编辑,在此介绍的仅仅是目前所知道的其中一部分而已。

吴曾祺：
商务印书馆的"涵芬先生"

进馆时间：1904年
职　　务：编审员

　　吴曾祺（1852－1929），近代藏书家、训诂学家，清末著名学者。字翼亭、翊庭，福建闽县（今福州市区）人。他曾经攻举业于福州正谊书院（其前身为闽浙总督左宗棠于1867年创立的福州"正谊书局"），清光绪二年（1876）与其父同时考取举人，曾任漳州中学堂监督、全闽师范学堂教务长。

　　光绪二年（1876）秋，吴曾祺与同为船政大臣署福建巡抚丁日昌幕僚的张亨嘉（福州人，进士出身，后历任京师大学堂首任总监督〈北京大学第四任校长〉、兵部侍郎、礼部侍郎），随丁日昌渡海驻台湾，巡视南北番社，教民耕种并开设义学。多年后，张亨嘉的著作《张文厚公文集》四卷、《赋钞》二卷由吴曾祺整理刊行。

　　1904年，吴曾祺受聘于商务印书馆编译所任编审员，协助张元济、高梦旦创办"涵芬楼"藏本室（后扩充为东方图书馆），人称"涵芬先生"。他提出"求古从今"的思路来继承与创新传统文化，极具见地。在主持古今秘籍和珍本的收藏、编辑期间，他长住涵芬楼，利用藏本室中数十万卷藏书，摘取其精华而编成《涵芬楼古今文钞》共100册。该书于1910年由商务刊行，严复作序誉之为"艺苑巨观"，涵芬楼之名因此不胫而传。

　　根据清末教科书审定制度的要求以及高梦旦的提议，1908年商务印书馆聘请古文家林纾与编译所编审吴曾祺分别负责编撰两套中学国文教材，以满足新式学堂的教学需要。在高梦旦、李宣龚等福州乡贤的助力下，林、吴二人不辱使命，完成了两套呈现出既不同于当局推荐的、也不同于他人的具有独特革新面貌的中学国文教科书。吴曾祺主编的《中学国文教科书》和林纾编写的《中学国文读本》是商务出版的我国最早的两套中学国文教科书，也是当时仅有的两套专为五年制中学编写的国文教材。此教材沿用至民国以后，时间长达20多年，有着持久而深远的影响。

　　其一生著述颇多，其中《涵芬楼文谈》《清史纲要》《旧小说》《国语国策补注》《国语韦解补正》等10多部，由商务印书馆出版发行。其创作"识见说"的理论，对后人启发很大。

　　辛亥末，吴曾祺辞职返故里。民国四年（1915），他出任福建经学会副会长。

刘崇杰：
纵横捭阖　悟法析律

进馆时间：1904 年
职　　务：历任日语翻译员、外聘编译员、
　　　　　编审员，股东

刘崇杰（1880—1956），中国早期著名的外交官、法学专家。字子楷，福建闽县（今福州市区）人。刘崇杰与梅兰芳、马连良、徐悲鸿、刘海粟、胡蝶等艺术大师都是挚友。

1904 年，还在日本留学的刘崇杰，由高梦旦推荐兼任商务印书馆日语翻译员，主要利用假期时间，负责编译所教科书编写过程中与日本顾问之间的交流翻译工作。1905 年任外聘编译员兼日语翻译，总理翻译大型丛书《新译日本法规大全》之事，历时三年而成（在 1906 年 7 月早稻田大学毕业之前，很多翻译工作实际上是在日本国内进行的）。他于日本早稻田大学政治经济科毕业后，回上海商务印书馆正式担任编审。在此期间，他与张元济、陶葆霖等人主持出版了《大清光绪新法令》20 册和《大清宣统新法令》35 册。这一巨制在当时影响极大，对新政成果的传播起到了关键的作用。刘崇杰因此得到商务印书馆的股权奖励。

后历任私立福建法政学堂教务长、教育部福建学务视察员；入外交界后出任清政府驻日一等参赞、中华民国驻外使节（横滨领事、代理驻日公使、驻西班牙、葡萄牙、德意志、奥地利特命全权公使等）、巴黎和会中国代表团专门委员，以及外交部常务次长。1949年刘崇杰留在大陆，曾经担任过上海市和福建省政协委员。

当年出使欧洲期间，他经常被邀携夫人参加各种社交活动甚至是外交舞会。然而随其出使欧洲的刘夫人是缠足的，行动十分不便。刘崇杰夫妇皆不以为然。为不失外交礼节，每次活动刘崇杰总是手挽手地搀扶着穿着塞满了棉花的高跟鞋的夫人出入舞会，博得所有人的尊重并留下一段佳话。

刘崇杰的祖母是林则徐长女；祖父刘齐衔，在清道光二十一年与胞兄刘齐衢为同榜进士，官至河南巡抚；刘崇杰的父亲刘学恂，1910年与林长民等人出资（其中包括刘崇杰在商务印书馆所分到的股票押借5000元）成立福州电气股份有限公司，福州市民从此才结束了点油灯的历史。刘家由此被称为福州"电光刘"家族。特别提一下，著名配音表演艺术家刘广宁是刘崇杰的孙女，是20世纪80年代家喻户晓的名字。刘广宁主配或参与配音的中外影视片多达千余部（集），这个中国电影的国家纪录至今仍由她保持。

著名配音表演艺术家刘广宁

高凤歧：
忧国忧民的济世之才

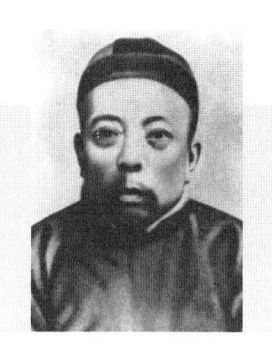

进馆时间：1906年
职　　务：编审员

　　高凤歧（1858－1909），清末举人（与林纾、陈衍、郑孝胥等同科），荐考御史廷试第一，梧州知府，维新志士。字啸桐，号愧室，福建长乐（今福州市区）人，高梦旦之长兄。

　　光绪二十一年（1895）《马关条约》签订后，他和林纾、陈衍、卓孝复等在京参与"公车上书"，反对割让辽台，并请变法。该事件后，高凤歧与丘逢甲交为挚友，两人常以诗赋抒怀、激励斗志。三年之后，高凤歧又到北京联合他人第二次上书，反对德国占据胶州湾，请求皇帝下诏罪己，并就筹饷、练兵、外交、内政四个方面提出建议，让人刮目相看。

　　光绪二十二年（1896）高凤歧入杭州知府林启（福州人）幕府，辅佐其施政。他建议兴办"蚕学馆"（浙江理工大学的前身）、建议创建"求是书院"（浙江大学堂、浙江大学的前身）等，鼓励百姓学习近代科学知识，名噪一时。之后，高凤歧担任浙江大学堂总教习，积极推行新学。他还历任浙江知县、两广学务处提调、梧州知府。高凤歧为官一方，勤勉从事，事必躬亲，视官事如家事，多有政绩。《清史稿》评价其"启之治杭，得友高凤歧为之助，后官广西梧州知府，亦有声"。

1906年，高凤歧因公务繁忙而积劳成疾，辞官来到上海养病。同年他应张元济之邀进入商务印书馆编译所担任编审员之职，成为商务印书馆创办初期重要的业务骨干，是"商务四老（张元济、鲍咸昌、高凤歧、李宣龚）"之一。他主持审订并出版了日本思想家中村敬宇的《自助论》，为《少年丛书》编写外国名人传记等。

1909年高凤歧病逝于上海。浙江人仰其功德，将其配祀于杭州孤山"林社"（林启祠）。

时任清两江总督的端方给高凤歧书了一副挽联，曰："是济时才，甄叙平生，苏颖滨不惭一字；以忧国死，抗衡往昔，贾长沙共有千秋。"

高凤歧（右二）、高梦旦（右三）兄弟在商务印书馆（插图：傅萌）

黄展云：
蒙学教育　遗爱在民

受聘时间：1906年
职　　务：外聘编译员

黄展云（1875—1938），革命家、近代启蒙教育家，字鲁贻，福建永福（今福州永泰）人。他是北洋水师右翼总兵兼定远舰管带刘步蟾之婿，高梦旦之长兄高凤歧的学生。

他毕业于日本早稻田大学，为中国同盟会成员。黄展云坚信"教育乃救国第一要务"，1899年与表兄林白水等在福州三坊七巷文儒坊创办蒙学堂（福州第一所新式小学堂），并在此开展反清革命活动。蒙学堂开办时，张元济曾应好友林白水之请，参加了开学仪式。1926年，他创办私立独青小学（今福州市麦顶小学的前身）。他曾担任孙中山的秘书，参加辛亥革命，以及反袁护法斗争。福建省政务委员会成立之后，黄展云出任教育厅厅长、农工厅厅长。

在商务印书馆编撰教科书时期，黄展云、林白水等福州人作为商务印书馆的外聘编译员积极参与了这项工作。1907年，黄展云与林白水、王永炘编撰的我国第一套《国语教科书》由商务印书馆出版发行。"在推崇读经讲经、盛行国文教科书时，黄展云、林白水和王永炘编纂的《国语教科书》就以别开生面的原创力和果敢精神，成为一种交流现代性的语言平台，引领学童在艰难困苦的社会环境迈出时代的新步伐。无论如何，这是一套不应忘却的教科书！"①

黄展云一生倾心于教育，创办学校，赞助革命，不遗余力。1938年黄展云在武汉汉口不幸去世，社会各界都为此深感哀痛，中共领导人周恩来发来唁电表示哀悼。

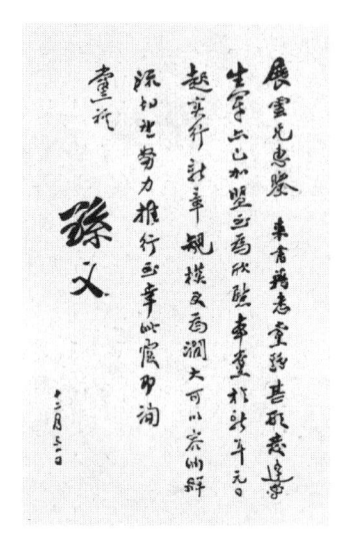

孙中山致黄展云的信　　位于福州仓山马厂街的忠庐（曾经是黄展云的居所）

---

①吴小鸥：《中国第一套国语教科书》，《福建师范大学学报：哲学社会科学版》，2012年第5期。

林白水：
报界先驱　革命烈士

进馆时间：1906 年
职　　务：外聘编译员

林白水（1874－1926），近代著名的记者、报人、新闻工作者，革命烈士。原名万里，字少泉，福建闽侯人。林白水的祖父林唐卿，进士出身，曾在贵州任知府；堂叔林履中，北洋水师右翼后营参将加副将衔"扬威"舰管带，在甲午海战中壮烈殉国；妹妹林宗素，同盟会会员，中国女权运动的先锋；表哥黄展云，孙中山的秘书，曾任福建省教育厅厅长。

他是高梦旦长兄高凤岐的弟子，早年就读于日本早稻田大学，为光复会成员。1898 年，经高凤岐推荐，林启邀林白水赴杭参与创办求是书院（今浙江大学）、养正书塾（今杭州高级中学）和蚕学馆（今浙江理工大学）等新式学堂，任求是书院总教习。林白水曾与蔡元培一起创办《俄事警闻》（后改名为《警钟日报》）并担任主编。1903 年起，他创办了《中国白话报》《新社会报》（后改名为《社会日报》）等。

他宣扬新政，提倡社会变革；发表政论文章，针砭时弊。慈禧太后 70 寿辰庆典时，林白水毫无畏惧地表示反对，还愤而写下一副传诵一时的对联。上联："今日幸西苑，明日幸颐和，何日再幸圆明园？四百兆骨髓全枯，只剩一人何有幸？"下联："五十失琉球，六十失台海，七十又失东三省！五万里版图弥蹙，每逢万寿必无疆！"此联的辛辣讽刺效果，令人叹服。民国时期林白水当选为国会众议院议员、总统府秘书兼直隶省督军署秘书长。1926年8月6日，林白水因发表《官僚之运气》一文揭露军阀政客的黑幕丑闻，被军阀杀害于北京。1985年7月，经国务院民政部追认为革命烈士。

  林白水曾作为商务印书馆的外聘编译员参与了教科书的编纂工作。1907年商务印书馆出版发行的我国第一套《国语教科书》，林白水是主要编撰人之一。他编译的《华盛顿》等6本小册子被商务印书馆列入"少年丛书"，长销不衰。其译著《自助论》《英美法》《日本明治教育史》等亦由商务印书馆出版。

王永炘：
国语教科书的编纂者

进馆时间：1906年
职　　务：外聘编译员

王永炘（生卒不详），福建侯官（今福州市区）人，林徽因的大姑父。

他早年留学日本，毕业于宏文学院（原名弘文学院）师范专业，归国后于1909年担任福建官立法政学堂的庶务长。福建官立法政学堂创建于1907年，1912年改名为福建公立法政专门学校。当时，王永炘的同事、大舅子林长民担任学堂的教务长。1911年，林长民因致力于"政宪""法治"和"人权"的宣传，被学堂辞退，于是与同乡好友刘崇佑一起创办了私立福建法政学堂，自任监督（校长）。次年该学堂改称私立福建法政专门学校。令人没想到的是，仅仅过了16年，在激烈的市场竞争之下，私立福建法政专门学校发展蓬勃，而福建公立法政专门学校却每况愈下。福建公立法政专门学校最终被迫停止办学，并入私立福建法政专门学校。

1906年，王永炘担任商务印书馆编译所的外聘编译员，负责编纂语文教科书。1907年8月，他与黄展云、林白水两位福州籍留日同学共同编纂的《国语教科书》由商务印书馆出版发行。这是中国最早的一套以"国语"命名的教科书。教科书以"国语为统一国家之基"为宗旨，把言语统一纳入"国民与国家"的叙述中，被学者视为新文化运动之先导。

王永炘十分注重教育，常在商务印书馆出版的杂志上发表有关文章，如商务印书馆《少年杂志》（1916年13卷第11期）上曾刊登他的《论报纸之功用》一文。

王寿昌：
精通法律的译著人

进馆时间：1906年
职　　务：编译员

王寿昌（1864－1926），近代翻译家、法律专家，字子仁，号晓斋，福建闽县（今福州市区）人。他精通法律、法语，中文造诣也很高。

1885年，王寿昌在船政学堂毕业后受公派赴法国巴黎大学学习法律。1891年毕业归国，回福州马尾的母校船政学堂担任法文教习。不久清廷修建京汉铁路，向法国借款，他出任总翻译。1906年，王寿昌受聘为商务印书馆编译所编译员，参与法文书籍的翻译工作，但没多久就离开上海到天津洋务局当翻译。1911年后他历任京汉铁路会办、总翻译、汉阳兵工厂总办。在汉阳兵工厂任上，他为湖广总督张之洞所器重，充总理各国事务衙门章京，经理对各国之事务，后出任三省铁路学校校长。民国元年（1912）他回闽出任福建省交涉司司长，负责对外交涉事宜。在涉外事务中，他为维护国家的主权和利益，尽心尽责不遗余力。他与外国人交往时，言行得体，不失国格，广受称赞。1915年，王寿昌重返船政学堂担任法文教习。1926年病故于福州。

他与林纾共译《巴黎茶花女遗事》早已蜚声艺林。其经济学译著《计学浅训》（法国·博乐克）和著作《晓斋遗稿》由商务印书馆刊印行世。

陈学郢：
理化教材的编纂者

进馆时间：1907年
职　　务：编译员

陈学郢（生卒不详），近代物理学专家，福建侯官（今福州市区）人。作为商务印书馆编译所的编译员，他是早年编译所重要的业务骨干之一。而作为福州人，陈学郢又是参与国文教科书之外的数理化和英文教材编纂工作的杰出代表之一。其他的福州人还有沈秉焯、陈文、李文彬、萨本栋等。他编纂、编译、校订了大量的理化教科书，以及采矿学、植物学、昆虫学等方面的科普书籍。

清宣统二年（1910）3月，商务印书馆出版了王季点编译的《中学矿物界教科书》。该书由陈学郢校订，杜就田补订。陈学郢编译的《物理学讲义》（1908）、《实验理论物理学讲义》（1931）、《动物采集保存法》（与许家庆合译，1913）、《理化学初步讲义》（与钟观光合编，1917）、《矿物采集鉴定法》（与孙佐合译，1926）等，均由商务印书馆出版。

王庆骥：
青出于蓝而胜于蓝

进馆时间：1907年
职　　务：编译员

王庆骥（1882—1941），比利时鲁汶大学名誉博士，外交家。又名王景歧，字石荪，亦作石孙，号流星，别号椒园，福建闽县（今福州市区）人，王寿昌的侄子。精通法文、英语，还会多国语言。

"王庆骥"是"林译小说"一位口译作者的名字，是一个几乎不为人所知的林纾合作者，其实他就是民国时期著名的外交官王景歧。王庆骥是林纾主要的法文合作者之一，虽然合作翻译的文学作品仅有两部，但却在"林译小说"中占有独特的重要地位。他与林纾合作译介森彼得的《离恨天》（今译《保尔和薇吉妮》）和孟德斯鸠的书信体小说《鱼雁抉微》（今译《波斯人信札》），由商务印书馆纳入《林译小说丛书》出版。

他早年在武昌方言学堂学习法文，曾两次赴法、一次赴英留学。1900年，他第一次赴法研习政治，三年后回国，先后任京汉铁路秘书、商务印书馆编译所法语编译员；1908年他再度留法，入巴黎政治大学，并兼驻法公使馆翻译。1910年巴黎政治大学毕业，他转入英国牛津大学专攻国际法，两年后回国，任北洋政府农林部编纂。后历任外交部主事、参事（兼北京大学法科讲师），驻意大利使馆二秘，1918年以中国代表团参事身份出席巴黎和会。王庆骥于1920年回国，出任外交部中德通商条约谈判代表。第二年起，他又先后出任驻比利时、瑞典、挪威和波兰公使。王庆骥还担任外交部顾问、国立（上海）劳动大学校长。1941年8月，病逝于日内瓦。

王庆骥诗文均佳，曾经师从林纾。对王的评价，在林纾的《〈离恨天〉译余剩语》中可见一斑："回忆二十年前，与石荪（王庆骥）季父王子仁（王寿昌）译《茶花女遗事》，伤心极矣。而此书复多伤心之语，而又皆出诸王氏，然则法国文学之名家，均有待王氏父子而传耶！"称赞门生王庆骥的口译水平不逊色其叔父王寿昌，可谓青出于蓝而胜于蓝。

王庆骥还著有《流星集》《椒园诗稿》《不平之鸣》《通商史》《波德战争日记》等书。

出席巴黎和会期间的中国代表团参事、外交官王景歧（插图：傅萌）

陈 文：
最早的代数译介者

进馆时间：1907年前后
职　　务：编译员

陈文（生卒年不详），我国最早的代数翻译者。福建连江人，故居在连江县城关魁龙坊。

英国剑桥大学教授查理斯密的《查理斯密小代数学》最早的中文翻译者是陈文。清光绪三十年（1904），他在日本西京第三高等学校就读时就开始了这项工作，两年后完成翻译交由商务印书馆付梓面市。他认为此书"说理宜显，立法宜密，举例宜详，设题宜有层次"。1932年"一·二八"事件后，商务印书馆复业出版的第一本书就是《查理斯密小代数学》，它因此成为明星之作。该书前后发行了数十版，是商务印书馆出版量最大的教科书之一。

陈文是商务印书馆编译所编译员，除了编撰教科书外，还参与《四角号码字典》的编纂和出版工作。他校订出版了《新学制算术教科书》《平面几何——圆》《代数学——因数分解》；其编纂的《实用主义中学新算术》《实用主义几何学教科书》《中学适用算术教科书》《共和国教科书代数学》及译述的《查理斯密大代数学》《初等方程式论》等书，均由商务印书馆出版发行。

他是杨仁山（安徽池州石埭人，中国近代著名的居士、佛学家，被誉为"近代中国佛教复兴之父"）的学生，国学功底深厚，著有《中庸谊证》一书问世。该书创始于1908年，脱稿于1922年。

王永炅：
数学教材的编纂者

进馆时间：1909 年
职　　务：外聘编译员

　　王永炅（生卒不详），教授。字幼扶，福建侯官（今福州市区）人。曾留学日本，毕业于东京物理学校（东京理科大学的前身），曾担任商务印书馆编译所外聘编译员。

　　从日本学成归国后，他与刘崇佑等同一批留学生被清廷"均着以知县分省即用"。[①]但王永炅实际上未就任，从 1907 年起到 1910 年间，他一直在全闽大学堂担任数理教习，后又在福建优级师范学堂讲授初等数学和物理类科目。著有《新制算术校本》《新制平面几何学校本》《新制代数学校本》《新制平面三角法校本》《新制立体几何学校本》《数学公式》等，大都为中学校及师范院校适用。其译述日本数学家菊池大麓、泽田吾一著《平面三角法新教科书》于 1909 年由商务印书馆出版。该书在清末及民国时期广为使用，对现代的数学教育产生的影响较大。

　　1913 年，国民政府教育部颁布了我国最早的课程标准——《中学校课程标准》，这一标准对有关中学需要学习的数学科目作了规定，其中要求

[①]《宣统元年谕旨》，《东方杂志》，1909 年 6 卷第 7 期。

中学开设的数学课程分别为：算术、代数、平面几何、立体几何、平面三角概要。在这一时期，中学数学课程基本上都是采用分科体系，王永炅、胡树楷编的《算术教本》《代数学教本》《平面几何学教本》《立体几何学教本》《平面三角法教本》等，就是这类别最具有代表性的教材。

王永炅曾在国立北平大学工学院[①]担任教授，教解析几何和微积分，兼任注册课长（工学院不设教务处）。他工作十分认真负责，教学循循善诱，为人也极其和蔼可亲，深受师生们的爱戴。

[①] 全面抗战爆发后，国立北平大学、国立北平师范大学、国立北洋大学、北平研究院等内迁西安，组成国立西北联合大学。抗战胜利后，国立北平大学未能复校，后发展成为西北大学、西安医科大学（现西安交通大学医学部）、陕西财经学院（后并入西安交通大学）等学校。

黄士恒、黄士复：
昆仲道合　启蒙养正

进馆时间：1908年（黄士恒）、1911年（黄士复）
职　　务：编译员

黄士恒、黄士复，福州金垱（金墩）黄氏。黄氏兄弟于清光绪三十年（1905），在福州鼓楼善化坊捐资创办西城小学堂，兄长黄士恒任堂长。兄弟两人志同道合，合力办学蒙以养正，仰屋著书付梓授人，都把毕生精力贡献给文化和教育事业。他们的父亲黄翼为，咸丰进士，曾任刑部主事。

黄士恒（1859—1924），字少希，清末举人，小说家、教育家。曾担任商务印书馆编译所编译员，参与初版《辞源》的编校工作。其专著《发明与文明》《能率增进法》《运输与通信》《秦汉演义》《前汉演义》（其中下篇与郭文华〈福州闽侯县人，具体不详〉合著）等，均在商务印书馆出版。

黄士复（1883—1958），居士。字幼希，曾受戒，法名妙悟。1911年，他在日本法政大学毕业后入职商务印书馆编译所，直至1937年离职，工作时间长达26年之久。他先后担任英文部编译员、英汉实用字典委员会主任，负责编纂《辞源》（黄氏兄弟二人均为初版《辞源》的主要编校人）、《综合英汉大辞典》《牛津袖珍字典》《牛津简明字典》及《英汉学习辞典》等。后应徐蔚如居士的邀请，共同编纂《华严经书钞会本》，1943年在上海《华严经书钞》编印会任编辑并在《普慧大藏经》刊印会任编纂。黄士复还担任开明书店特约编纂，1953年任上海文史研究馆馆员，曾负责编印弘一大师遗著《南山律在家备览》及《戒本讲录》，并校勘地藏三经。

著有《历代大藏经明细表》《梵汉英巴字典》。其专著《佛教概论》及与学生江铁主编的《综合英汉大词典》等由商务印书馆出版刊行。

1909年编译所辞典部同人留影

黄士复的《佛教概论》一书，对中观辩证法有着比较权威的诠释。众所周知，在世界古典哲学发展史中，中国哲学、印度哲学和西方哲学不论从其成就还是影响来看，毫无疑问都占据着重要的地位。这三大体系突出的代表思想分别是易－道辩证（严格地说还不能作为一个体系）、中观辩证和黑－马辩证。三大辩证体系的对立论思想区别其实不大，可是同为辩证法核心议题的否定论，却各有各的表述。易－道辩证中的否定，主要偏向于相反相成。相对而言，中观辩证法中否定论的精髓则在于辩证的结果——中道空。后来的学者常以黄士复的《佛教概论》中对汉传佛教三论宗（中观派传入中土的直系派别）的五句三中（三论宗认为三到五句是中道，称为三中）来解读中观之否定论。当然，与黑格尔－马克思辩证法相比，其科学性则是中观辩证法所无法仰攀的。

林长民：
冲锋陷阵　可用书生

进馆时间：1911 年
职　　务：杂志编委

　　林长民（1876—1925），秀才出身，清末民初的政治家、外交家，教育家、书法家。字宗孟，福建侯官（今福州市区）人，才女林徽因之父，烈士林觉民之堂兄。

　　他早年毕业于日本早稻田大学，学成归国后担任福建官立法政学堂教习、教务长。林长民还是私立福建法政学堂（福建师范大学的前身之一）的主要创办人之一，首任监督（校长）。后历任福建省谘议局书记、南京临时政府参事、众议院秘书长兼宪法起草委员，以及北洋政府参政院代理秘书长、国务院参议、法制局局长、司法总长、外交委员会干事长，主张"依法治国"。林长民是民初闻名士林的书生逸士，倡言宪政、推进民主政治的著名政治家。作为文人，他胸怀大志，自信是"治世之能臣"。

　　早在巴黎和会召开之前，林长民就在《晨报》发表《铁路统一问题》一文，揭示路权问题的本质："凡此政治性质铁路经过之地，几即为他国领土之延长"。林长民坚决要求废除不平等条约，收回中国路权。时任北洋政府外交委员会秘书的叶景莘认为，这"实是当时抗日运动的一个方面"，与以后的五四事件相关联。1919 年，林长民极力反对段祺瑞内阁的亲日外交，主张拒绝在巴黎和约上签字，揭露丧权辱国的外交政策，引发了轰轰烈烈的"五四"爱国运动。他因此成为"火烧赵家楼"幕后的点火者，五四运动的发生成为其一生事业最光彩的顶点。

民国时期，林长民的书法风流自赏，笔意倜傥，曾一度风靡。他长期活跃于政坛，与寓居京城的福建籍文人（诸如陈宝琛、郑孝胥、陈衍、林纾、郭则沄、李宣倜、林开謩、陈宗蕃、林志钧等）交往比较频繁。此时期福建籍人士在北京的势力很大，其书法受乡贤影响颇深。他将福建书风北传，对于旧京艺术的贡献不小。高拜石（福建闽县人，祖籍浙江，民国人物掌故大家、书法家）评论林长民的书法，"是由晋唐人入手的，早年写的东西，真是美妙绝伦，中岁参了北碑的态势，更在雅秀之中，显出朴茂劲遒的意味；所谓'融碑入帖'，便是这个境界"；康有为说道"你们福建书家，却只有两位""一位是郑苏庵（郑孝胥），一个是林宗孟（林长民）"；张宗祥（浙江海宁人，西泠印社社长，现代学者、书法家）也曾在《论书绝句》中谈到林长民的书法："未冠相逢已擅书，中年小楷到唐初"。由此即可知林长民书法在旧京的地位，今北京石景山八大处四照谷还存有 1918 年林长民书的摩崖石刻。

1925 年，林长民参与"反奉"时不幸遭袭遇难，未及天命之年。胡适为此感叹："他那富于浪漫意味的一生就成了一部人间永不能读的逸书。"徐佛苏（祖籍浙江，生于湖南长沙，曾任大总统顾问）撰挽联"冲锋陷阵哪用书生"，今日读来似可改一字："冲锋陷阵可用书生"。后人总结林长民的一生：投身政坛总想着实现自己的政治抱负，但宪政理想不敌政治现实，在民国初年纷繁复杂的政局中，林长民所能到达的最高公职也无非是任职三月的司法总长而已。有志不能报国，所学不能致用，却痴心不悔，克难前行，大概也算是一位具有文人情怀的法政人的自我救赎吧。

1911 年，商务印书馆创刊《政法杂志》，陶葆霖任主编，林长民与沈钧儒等参与了《政法杂志》的创办与编辑。

林长民、林徽因父女合影（摄于 1920 年）

附　录

林长民与私立福建学院

　　私立福建学院创办于 1911 年，撤并于 1951 年。其前身为私立福建法政学堂，辛亥革命后改名为私立福建法政专门学校（1913 年经北洋政府教育部批准立案，1914 年 7 月又经司法部认可），1925 年称福建大学，1927 年又恢复名称私立福建法政专门学校，1929 年更名为私立福建学院。福建学院是今福建师范大学主要前身之一。

　　1911 年，在福建官立法政学堂担任教习、教务长的林长民，因致力于"宪政""法治"和"人权"的宣传，被学堂辞退。于是他与同乡刘崇佑一起创办了私立福建法政学堂，刘为董事长，林自任监督（校长）。学堂择址于福州城南乌石山麓的道山路白水井一带。

　　学堂"以致力于政法教育培植宪政人才为己任"，力图通过优良的办学水平，为福建民智的开启和宪政思想的普及作贡献。虽然历史已证明以君主立宪为政体的宪政之路并不适合于中国民主政治发展的需求，但在当时尚处于民主荒芜年代的中国，林长民、刘崇佑二人致力于民主发展的努力仍值得后人敬仰。

　　在福建福州，与私立福建学院（私立福建法政专门学校）同一时期开办的法科学校有不少，包括福建官立法政专门学校、全闽法政专门学校、私立海滨法政专门学校、私立尚宾法政专门学校等。面对如此激烈的办学竞争环境，福建学院的决策者们始终坚持高质量的办学标准，以及普及宪政思想的独树一帜之办学特色，使得福建学院的法科教学名声大噪。1914 年 10 月，国民政府教育部授予该校"为国储才"的匾额。1916 年，在教育部举办的全国专门以上学校成绩博览会上，福建学院在全国公私立 38 所的法政学校中名列第五，在全国私立法政 16 校中名列第二。

　　由于办学质量优良，随后的海滨法政专门学校、尚宾法政专门学校、全闽法政专门学校都相继归并于福建学院，甚至连福建官立法政专门学校停办后也并入了福建学院，从而使得福建学院规模扩大，师资增强，成为当时全国宣传宪政思想和法治教育的重要基地。私立福建学院在极其艰苦的环境中屹立不倒，并成为全国著名的三大私立学府之一，"与北平朝阳、上海东吴并列为北、中、南法学三雄"，时称"北有朝阳、沪有东吴、南有福建学院"，堪称民国时期民办高校的一面旗帜。福建学院建校 40 年，为国家培养了近万名的法律、政治和经济人才，成效卓著。

　　1936 年 8 月，依据福建省政府实施整理本省教育方案，调整各大学相同科系，福建学院农科归并于私立福建协和大学，协和大学农科自此设立。1951年夏季，私立福建学院奉令撤销，法科并入厦门大学，商科四系归并当时由私立福建协和大学与私立华南女子文理学院合并成立的原福州大学，组成原福州大学财经学院。1952年9月13日，福州大学财经学院归并厦门大学，厦门大学农学院与福州大学农学院两强合并成立福建农学院（2000年10月，福建农学院和福建林学院合并组建新的福建农林大学）。1953年9月，原福州大学更名为福建师范学院。1972年，福建师范学院更名为福建师范大学。

刘以芬（1885—?），字幼衡，号荔翁，福建闽县（今福州）人。幼年获选优贡，后东渡日本留学，入早稻田大学攻读法政专业。毕业回国后，即与汤化龙（湖北）、刘崇佑、林长民、孙洪伊（河北）、梁善济（山西）、蒲殿英（四川）、谢远涵（江西）等组织民主党（民主党后与共和党合并，成立进步党）。1917年11月，他任北京临时参议院议员，后担任东三省铁路公司理事长，1925年出任福建大学校长。刘以芬与李大钊是日本东京早稻田大学的校友和挚友，1916年春归国之际，李大钊口占一绝《壮别天涯未许愁》为他饯行："丙辰春，再至江户。幼蘅（刘以芬）将返国，同人招至神田酒家小饮，风雨一楼，互有酬答。辞间均见风雨楼三字，相约再造神州后，筑高楼以作纪念，应名为神州风雨楼，遂本此意，口占一绝，并送幼蘅云：壮别天涯未许愁，尽将离恨付东流。何当痛饮黄龙府，高筑神州风雨楼。"刘以芬著有《民国政史拾遗》等传世。

黄朴心（1899—1988），又名黄士嘉，广西贺州人。曾就读于北京大学、法国巴黎大学和德国富来堡大学，毕业于苏联莫斯科东方大学。从苏联回国后，任大学讲师、上海报馆翻译；1931年受聘为私立福建学院教授，继而升任教务主任、院长兼该院附中校长。1936年后历任福建省第二区行政专员兼保安司令及军法监、第四区行政专员兼保安司令。1942年回桂历任广西壮族自治区政府委员兼教育厅厅长、省参议会议员及全国国民大会代表、广西省县政人员训练所教育主任、广西日报社社长。1949年，黄朴心离桂往马来西亚。

林仲易（1893—1981），原名秉奇，号竹西，又号属云，福建长乐（今福州）人。著名记者、编辑，第一至第五届全国政协委员、民盟中央委员、民盟中央宣传部副部长，并先后担任《光明日报》总经理、政务院政治法律委员会委员、最高人民法院顾问等职务。早年就读于私立福建法政专门学校，后赴日本早稻田大学学习。回国后任北京《晨报》编辑、代理总编辑。1936年回福州任福建学院院长兼附属中学校长。1943年林仲易赴重庆从事律师工作，同时积极参加抗日民主运动。1949年，他参加第一届全国人民政治协商会议。

郭公木（1891－1969），又名郭梦熊，字卓如，乳名以焯。福建寿宁人。早年就读于福安三中及私立福建法政专门学校，后留学日本，毕业于早稻田大学法科，获学士学位。回国后，先后任私立福建法政专门学校教习、省立第三中学校长。1927后，历任泰宁县和龙岩县县长；1943年任私立福建学院院长；1948年当选为立法委员。中华人民共和国成立后，他被聘为福建省文史馆馆员。

李文彬：
商务英语的奠基人

进馆时间：1912年
职　　务：编译员

李文彬（生卒不详），英语教育家、学者，商务英语的奠基人。字质齐，福建闽侯人。

他大约在1912年入职商务印书馆，担任编译所编译员，负责英文教科书和商务英文书籍的编辑工作。李文彬引入学习英语的多种方法，形成了一套系统完备、内容全面的英语教材，尤其是商务英语的教学方法，影响广泛而深远。

其编撰的《英文书札指南》《华英翻译金针》《商业文牍备要》（英文本）、《英汉新字汇》《英文中国通史》等由商务印书馆出版。其中1914年商务印书馆出版的《英文中国通史》，堪称当时唯一一部向西方世界介绍的内容完整的新式中国通史力作——从传说时代写到清朝覆灭。然而这部中国通史力作早已被人彻底遗忘。其实，以李文彬等学者为代表的近代中国人的英文著述，对于认知那个时代的历史来说，实为不可忽视的重要资料来源。

李宣韩：
借贷记账法的推行者

进馆时间：1914 年
职　　务：编译员

李宣韩（生卒不详），福建闽县（今福州市区）人，李宣龚胞弟。据《重建马江昭忠祠捐款碑》上记载，李宣韩曾为重建纪念中法马江海战阵亡将士的昭忠祠捐大洋两百元。

他早年留学日本，学习财经专业。会计借贷记账法的引入，加速了中国流复式簿记现代记账方法的演变。刘常青的《中国会计思想发展史》（西南财经大学出版社 2005 年 5 月）指出："据有关资料显示，到 1948 年还有 80％以上的工商业采用收付簿记法。"当时的记账方法百态，有称为借方贷方者、收方付方者、入方出方者、左方右方者和收项付项者。而作为"改革派"的借贷记账法，仅为杨汝梅（《新式商业簿记》）、李宣韩（《商业簿记》）、潘序伦（《高级商业簿记教科书》），季懋勋（《铁路会计学》）等少数人坚持并提倡。

我国直到 1993 年 7 月 1 日起才正式实施《企业会计准则》，规定所有企业均采用借贷记账法。现在行政事业单位也使用借贷记账法。而李宣韩早在 100 年前就积极在商业行业推行会计借贷记账法，是当时接受借贷记账法并加以推广的少数财经学者之一。

李宣韩留学归国后，曾加盟商务印书馆编译所，担任编译员，在职时间较短暂。他编撰的商业学校教材《商业簿记》（上、下册，1915）由商务印书馆出版发行。

范毓桂：
人名辞典的编纂者

进馆时间：1916年
职　　务：编译员

范毓桂（1878－1941），号秋帆，祖籍福建建宁，青少年时期生活、学习在福州，会讲福州方言。他善书法，行楷皆工。祖父范祖义，历浙江昌化、金华、临安、武康、诸暨、松阳、云和、丽水和海盐知县。

范毓桂童年时曾随祖父在浙江官邸读书、入泮，后回福建省城学习。光绪三十二年（1906），他毕业于全闽师范学堂，毕业后回乡任建宁县高等小学堂教员。宣统元年（1909）举拔贡。民国三年（1914），范毓桂应建宁县知事聘请担任总纂，主持编修《建宁县志》（这是民国期间建宁县修纂出版的唯一一部县志）。

民国五年（1916）他到上海商务印书馆工作，受聘为编译所词典部编译员。他与臧励龢、方宝观、章乃羹、陆尔奎、樊炳清、钱智修、张元济、黄士恒、方毅、徐珂、高梦旦、庄俞等人，共同编纂《中国人名大辞典》（商务印书馆，1921），其中入声部分都是由他负责编纂的。尽管存在诸多缺陷与不足，《中国人名大辞典》目前仍然是中国历代人名辞典中较好的一种，有着较大的参考价值。

在商务印书馆担任了三年的编辑之后，范毓桂回闽工作。他于1919年

8月被聘为集美学校师范国文与历史教师，是《集美学校校歌》歌词的主要修改及润色者之一。1920年5月集美学校校友会成立，他担任校友会文艺部部长、校友会评议部评议员，同年10月还负责主编了一期《集美校友会杂志》。1921年元旦，范毓桂与黄鸿翔又主编出版了《校友会旬报》。在集美学校期间，范毓桂以编外编译员的身份继续参与《中国人名大辞典》的编校，直至该书的出版。后当选福建省议会议员、北京国会参议院议员。民国十二年（1923）因涉及曹锟贿选而离开政界。此后曾在北平国立法政大学和私立四存中学等学校任教，并潜心钻研《周易》《左传》，也都有著作。原福建师范大学教授黄寿祺和厦门大学教授黄典诚都曾撰文回忆，称范毓桂是他们在北平求学时对他们有过影响的老师。

民国三十年（1941）初，范毓桂病故于北平。

王新命：
"文化宣言"的急先锋

进馆时间：1916年
职　　务：外聘编译员

王新命（1892—1961），教授、新闻人。原名吉曦，曾用名无为，福建闽侯人。

在福州读完高中之后，他远赴东北谋生。辛亥革命爆发的那一年，王吉曦投身于新兴的新闻事业；1911年秋开始为沈阳等地的多种报刊撰写新闻通讯稿，开始了他长达40多年的报人生涯。他在1913年加入中华革命党，曾因从事反对袁世凯帝制的革命活动而被下过狱。被营救出狱后易名王无为，仍在东北从事新闻工作。王无为1916年初转移上海，受聘于商务印书馆《小说月报》杂志编辑部，担任外聘编译员，协助时任杂志主编的恽铁樵校订外国文学译编文稿。在上海，他继而开始文学创作，陆续出版编译的外国文学作品《冰原探险记》（商务印书馆，1916）和言情小说《脂余粉剩》（中华书局，1917）等。

1921年2月，王无为赴日本求学，入住位于东京诹访町的中国留学生宿舍"月印精舍"，与田汉同住一室。尽管两人政见不同，但丝毫没有影响他们之间的深厚友谊。归国时王无为决定改换名字，与田汉商议后取新名为"新命"。归国后王新命在《民国日报》《中美晚报》等10多家媒体任过职。抗战时期，他是活跃于烽火战场的一名新闻战士；1949年迁居台湾。

1935年1月10日，王新命（福州人）、何炳松、武堉干、孙寒冰、黄文山、陶希圣、章益、陈高傭、樊仲云、萨孟武（福州人）等10位教授，发表了《中国本位的文化建设宣言》（时称"十教授宣言"）。这是"五四"以来中国三次文化宣言（其他为《为中国文化敬告世界人士宣言》《甲申文化宣言》）之一，是知识分子在中华民族争取实现现代化的艰难历程中，从文化层面所作出的一次艰辛努力，影响极大。

王新命撰有《狗史》《贫农政策》等著作。1938年，其著作《抗战与新闻事业》在商务印书馆出版，是《抗战小丛书》当中的重要作品。商务印书馆还出版了他的译著《伏生问题》。

商务印书馆第一届业务讲习班（1923年）

林皓民：
地下党员　一岗多能

进馆时间：1918年
职　　务：编译员

林皓民（生卒不详），福州台江人，中共地下党员。家里经营木材生意，开有福州三保景晟木行。

林皓民在复旦大学就读时，在上海的报刊上发表过不少的翻译作品，早就小有名气。1918年，他大学毕业后进入商务印书馆，担任英文编译员，月薪24块大洋（相当于当时12个学徒工月薪的总和）。1916年刚进入商务印书馆的沈雁冰（茅盾）的月薪也与他一样。

在商务印书馆，编辑工作的基本要求是"一岗多能"，编辑既要懂得编书，又要懂得经营和算账。林皓民目光敏锐，不但善于选题、善于发现好作者，而且还打得一手好算盘，善于书籍的成本核算。关于书籍的稿费、版权费、物料费、印刷费、发行费等，他都十分在行。他编辑出版的书籍从不亏本，都是作者和商务印书馆的双赢。高梦旦、王云五对他都欣赏有加。

林皓民是商务印书馆的中共地下党员，曾经参加过上海的第三次工人武装起义。他1927年"四·一二"大屠杀之后才逃离上海，前后在商务印书馆工作了9年时间。

五四运动后，为声援和支持北京学生的斗争，商务印书馆职工参与上海产业工人举行的罢工和示威游行（插图：傅萌）

朱谦之：
文明冲突的前瞻者

进馆时间：1920 年
职　　务：编译员

朱谦之（1899—1972），中国当代著名的历史学家、哲学家、哲学史家、文化学家、宗教学家、东方学家、中外思想文化比较学家。字牵情，福建闽县（今福州市区）人。他是胡适的学生，与梁漱溟先生有着长达半个世纪的友谊至交。

他 17 岁中学毕业，以全省状元身份考取北京高等师范学校（北京师范大学前身），后转入北京大学攻读哲学，是五四运动的积极参与者。1929 年，朱谦之东渡日本，从事历史哲学的研究。归国后他曾担任上海暨南大学教授、中山大学教授兼文学院院长，以及北京大学、厦门大学教授和黄埔军校政治教官。在黄埔期间，积极参与工农革命运动，号召"农工大联合"，倡导革命。1949 年以后，他专心于学术研究，1964 年担任中科院研究员。

在北大学习期间，他课外的时间几乎都在图书馆度过，以至于时任图书馆主任的李大钊都担心馆内的中外社科类书籍会被朱谦之读完。陈独秀说他是"中国式的无政府主义"；吴稚辉认为"他是一个印度学者而有西洋思想。他的论调叫人完全可以否认，也完全可以承认"，并把他评为当时中国思想界四位代表之一。朱谦之提出"世界战争即是文化战争"的观点，比美国学者亨廷顿的未来世界的冲突即为各种"文明"冲突的理论，早了几十年。

1921年7月，胡适应高梦旦之邀来上海商务印书馆编译所考察一个月，帮助提个改进的计划。商务印书馆很重视胡适的到来，安排他见了许多人，其中包括当时还在编译所任编译员的胡适学生朱谦之（同年后期，朱谦之离开上海到杭州兜率寺修佛学）。胡适曾在日记中记述："到编译所，朱谦之与郭沫若来谈。谦之见我的《四烈士冢上的没字碑歌》，大喜，以为我的思想变了。谦之向来希望我出来做革命的事业，我不赞成他的意思。"

朱谦之的学生认为，朱教授才思敏捷，学识渊博，正直坦诚，为人宽厚，情纯心善，且具有童心；他不随波逐流，不随俗浮沉，正气凛然，令人敬佩！学术界对他的学术造诣早有定评。朱谦之学富五车，才高八斗，一生研精覃思，著述宏富，被誉为"百科全书式的学者"，其研究结果对促进东西方文化的交流作出了不可磨灭的贡献。他在中国哲学史、中外关系史和东方哲学三个方面的研究尤为突出，贡献亦最大。

据不完全统计，他生前有专著42部、译著两部、论文百余篇，身后出版的《朱谦之文集》一共10卷，计900多万字。其专著《中国思想对于欧洲文化之影响》（后改名《中国哲学对欧洲的影响》）《中国音乐文学史》《黑格尔的历史哲学》《孔德的历史哲学》等在商务印书馆出版，影响广泛而深远。其中《中国哲学对欧洲的影响》一书的学术价值尤高。

郑振铎：
新文学运动倡导者

进馆时间：1921 年
职　　务：历任编译员、杂志主编

郑振铎（1898—1958），中国现代杰出的社会活动家、作家、诗人、文学评论家、文学史家、翻译家、艺术史家，也是著名的收藏家、训诂家。字西谛，福建长乐（今福州市区）人，出生于浙江温州，高梦旦之婿。

郑振铎毕业于北京铁路管理传习所（今北京交通大学），在 1919 年参加五四运动并开始发表作品。他先到上海商务印书馆工作，后曾任燕京大学、清华大学、暨南大学教授，还担任暨南大学文学院院长兼中文系主任。抗战期间，他参加文化界救亡协会，为避免民族瑰宝遭遇劫难，在上海倾囊收购流散古籍、抢救文物，耗尽全部心血为保护中华文化作出了巨大的贡献。

郑振铎 23 岁那年经沈雁冰推荐、由高梦旦面试进入商务印书馆编译所任编译员，参与创办了我国第一个儿童文艺刊物——《儿童世界》。25 岁这一年他双喜临门：接替沈雁冰负责主编我国现代文学史上第一个大型文学刊物《小说月报》；经商务同人谢六逸和同乡郑贞文的牵线成为高老的东床快婿。他负责主编《小说月报》前后近 10 年，从伊始即开辟"整理国故与新文学运动"专栏，主张"新文学之建设"与"国故之新研究"并重。

郑振铎积极参加上海工人第三次武装起义前后的革命活动。"四·一二"政变后，与胡愈之等人致信国民党当局，强烈抗议屠杀革命群众，险遭逮捕。1927年5月，他乘船到欧洲避难和游学，遍读欧洲图书馆珍藏的有关中国古代文艺典籍，研究希腊罗马文学，译著了《民俗学概论》《近百年古城古墓发掘史》等专著。郑振铎是文学革命初期"为人生的现实主义文学"的重要倡导者之一，也是"血和泪的文学"的动员者。

1932年11月1日，《东方杂志》开展"1933，新年的梦想"征集活动。次年元旦出版的《东方杂志》以83页的篇幅一下子刊出142人的244个"梦想"，轰动一时。其中包括了柳亚子、徐悲鸿、郑振铎、巴金、茅盾、俞平伯、郁达夫、张君劢、邹韬奋、周谷城、马相伯、林语堂、叶圣陶等大批知名知识分子。时任燕京大学教授郑振铎的"梦想"，令人振聋发聩：

"我并没有什么梦想，我不相信有什么叫作'梦想'的。人类的生活是沿了必然的定律走去的。未来的中国，我以为，将是一个伟大的快乐的国土。因了我们的努力，我们将会把若干年帝国主义者们所给予我们的创痕与血迹，洗涤得干干净净。我们将不再见什么帝国主义者们的兵舰与军队在中国内地及海边停留着。

我们将建设一个伟大的社会主义的国家；个人为了群众而生存，群众也为了个人而生存。军阀的争斗、饥饿、水灾，以及一切苦难，都将成为过去的一个梦。这并不是什么'梦想'，我们努力，便没有什么不会实现的！而现在正是我们和一切恶魔苦斗的时候！"

中华人民共和国成立后，郑振铎出任文化部副部长、国家文物事业管理局局长、中科院学部委员。郑振铎是中国文化遗产保护的奠基者，力主从源头上斩断文物交易，禁止文物出口。他的"保护是第一位"的思想，成为我国文化遗产保护的一项准则。1958年10月17日，郑振铎率领中国

郑振铎与岳父高梦旦、妻子高君箴（插图：傅萌）

文化代表团出国访问途中，因飞机突然失事而遇难。

今天，在浙江温州市区沧河巷有一座纪念馆，是纪念中国现代文化界"全才大师"郑振铎的。他一生坚持革命的现实主义文学理论，提倡文学为人民服务，功在当代，利在千秋。其力作《中国俗文化史》及编译的20多部著作由商务印书馆出版。

林植夫：
新四军中的经济学者

进馆时间：1923 年
职　　务：编译员

　　林植夫（1891－1965），经济学者、林学家。原名葆骙，号翁康，福建侯官（今福州市区）人。林植夫的父亲林绍荣，四川知县；伯父林绍年，进士出身，历官云南布政使、巡抚、云贵总督、军机大臣（清朝唯一福州籍的军机大臣）兼署邮传部尚书。

　　1906 年 15 岁那年，他由伯父林绍年送去日本留学，先后在日本成城中学、第一高等学校、熊本第五高等学校学习。其间由林觉民介绍加入中国同盟会，回国参加过辛亥革命，并被孙中山委任为中国同盟会福建特派员。后又回到日本熊本第五高等学校复学，1916 年再考入东京帝国大学农林部攻读林业正科，四年后获林学学士学位。1902 年学成归国后，林植夫曾在国立北京农业专门学校（1923 年改名为国立北京农业大学，1928 年改为北平大学农学院，抗战后内迁西安，并入新组成的国立西北联合大学）林科任教，1923 年入职商务印书馆任编译员，1927 年离职。随后他历任国民党海军陆战队第一独立旅政治部主任、国民党广东省党部书记长、私立福建学院院长。在福建学院期间（前后不足两年），他兼任经济学教授，主要负责资本主义经济学史方面的教学工作。

林植夫同叶挺将军是忘年至交。"七七"事变后他参加新四军，任叶挺军长的秘书、政治部敌工部部长，皖南事变中被俘。林植夫和新四军被俘的一些高级将领，作为"死囚"被囚禁在上饶集中营里。抗战胜利后，经组织的营救才侥幸出狱。他1940年加入中国共产党，1947年经何公敢介绍加入中国民主同盟。1949年11月他被推选为民盟福建省临时工委主任委员，后担任福建省农业厅厅长、福建省政协副主席和民盟福建省主委，他是第三、四届全国政协委员。

林植夫是新四军中的经济学者，他编纂、翻译了《林业浅说》《林业大意》《马尔萨斯人口论》等科学论著。其译著《古典派经济学说史》（原名"资本主义经济学之史的发展"）在商务印书馆出版。

高拜石：
掌故大家　报界闻人

进馆时间：1923年左右
职　　务：编译员

　　高拜石（1901－1969），海峡两岸新闻界前辈，书法家、掌故学家。字懒云，号般若，晚号芝翁，笔名南湖、芝叟、介园、难云，福建闽县（今福州市区）人。祖籍浙江镇海，先世宦游八闽而定居福州，家在福州三坊七巷杨桥巷口。

　　他出生于官宦之家，自幼敏而好学，记忆超凡。1921年毕业于北京平民大学文科，受吴昌硕影响，专研书法与篆刻。同年，在京与高伯奇合办《心声晚报》。后到上海，受聘为商务印书馆编译所编译。1924年，返闽主持《民国日报》，后创办《华报》《毅报》《寰宇新闻》《福建日报》《小民报》。1934年起，历任《福建民报》和《建国日报》总编辑、福建省政府参议。1947年赴台湾，任台湾地区新闻处主任秘书，旋转任华南商业银行秘书处副处长。他是台湾《大华晚报》《民族晚报》等报刊的撰稿人。此外，高拜石还醉心金石书法，曾发起组织"中国书法学会"。

　　1958年起，台湾《新生报》副刊辟专栏，以连载的形式，专门刊登高拜石（以"芝翁"笔名）记述的清末民初时期的人物佚事，涉及军政、财经、法律、文艺等掌故秘闻，持续时间长达10年之久。高拜石平生文章结集以《古春风楼琐记》行世。全书300多万字，记述近500个清末民初的人物故事。其中不少鲜为人知的历史掌故，成为弥足珍贵的文献和史料，影响极大。

近现代著名的掌故家，大陆有乡先贤"补白大王"郑逸梅，香港有听雨楼主高伯雨，台湾有古春风楼主高拜石，高"段位"者当属高拜石。台湾正中书局《新编古春风楼琐记》主编陈一铭曾经说，高拜石善属文，工诗词，他长于近代史料、熟谙人物掌故的缘由，在于早年浪迹大江南北，与名公巨卿交际甚多，故文名籍甚，还被历史学家张其昀称为"自梁任公、林琴南以来，罕与伦比者"。

萨孟武：
通才型的政治学家

进馆时间：1924 年
职　　务：外聘编译员

　　萨孟武（1897－1984），政治学家，名本炎，字孟武，福建闽县（今福州市区）人。

　　萨孟武出生于福州著名的萨氏家族，其叔祖为近代著名海军将领萨镇冰；堂兄萨师俊，抗战中阵亡的中山舰舰长；堂弟萨本栋，国立厦门大学首任校长；堂弟萨本炘，武汉大学、中山大学教授，第一机械工业部船舶产品设计院总工程师，武昌造船厂的主要创建人。

　　他曾就读于日本京都帝国大学，留日期间与围棋大师吴清源之父吴毅同住，学了一手好棋。萨孟武1924年毕业归国后受聘于商务印书馆，担任编译所外聘编译员，聘期3年。后历任南京中央军校编辑部主任（上校衔）、中央政治学校教授、陆军大学教官、广州中山大学法学院教授兼院长等职。1949年到台湾，担任台湾大学法学院院长，当选"立法委员"。

　　萨孟武对中国传统政治思想、制度、理论的研究，深入浅出，贯通中西，不落俗套，对中国政治学的形成影响很大。他一生思想的亮点，在其"国家主义"之信仰。萨孟武认为中国当以"国家主义"自救，使一般民众"皆有国家意识，努力求国家之统一，努力刷新国家之政治。"他还是民国时期《中国本位的文化建设宣言》（时称"十教授宣言"）的参与者之一。

　　萨孟武善于观察社会现象，而且观察很细致，很能抓住现象的特点。有例为证：民国时期，社会上把博士划分为三类：洋博士（留学欧美的博士）、土博士（本国培养的博士）和不中不西博士（留学日本的博士）。萨孟武是留日的，够不上洋博士，也不是土博士。20世纪30年代，他谈及当时中外博士之区别时说，洋博士是"博而不博"，很多人都是某个领域里的专家，他的学问只有一点，但相当高深专精，可以成名，获得荣誉；中国的博士却不同，是"博而寡要"，什么都懂一点，但懂的都是皮毛。于是，他用了一个比喻，说这就像一只鸭子，能飞，可是飞不高；能跑，却总是摇来摆去，跑不快；能游，却没有鱼儿那么灵活；然而还很得意，在水里大唱高调……萨孟武的描述相当生动，但这仅是对当时情况的比喻，如今恐已无太大的区别了。"博而不博"也成为本国培养的博士之主流标签。

　　著有《政治学》《西洋政治思想史》《中国社会政治史》《中国政治思想史》《〈西游记〉与中国古代政治》《〈红楼梦〉与中国旧家庭》《〈水浒传〉与中国古代社会》和《孟武自选文集》等。其译著《新国家论》《租税总论》《近世民主政治论》等由商务印书馆出版发行。

林徽因：
才貌是可以双全的

参与时间：1923年
职　　务：杂志编委

　　林徽因（1904－1955），著名建筑师、诗人和作家。福建侯官（今福州市区）人，出生于浙江杭州。她是林长民之女、梁启超之媳、梁思成之妻。

　　她毕业于美国宾夕法尼亚大学、耶鲁大学，归国后担任清华大学建筑学教授，曾参与人民英雄纪念碑和国徽的设计。她天资过人，学贯中西，文理兼备。"她融会贯通多门学科于文学创作上，为中国现代文学史增添了幽丽清奇的一笔"，被誉为中国文坛的"一代才女"。文洁若（翻译家、人民文学出版社编审）评价林徽因"才貌是可以双全的"。

　　1920年，林徽因随父游历欧洲，在伦敦受女建筑师房东的影响，立志攻读建筑学。在此期间，她还结识了父亲的弟子、诗人徐志摩，对新诗产生浓厚兴趣，并留下了一段传诵至今的诗情画意般的情恋佳话。林徽因最终还是选择了同专业的梁思成。从1930年到1945年间，梁思成、林徽因夫妇一同走遍中国的15个省、190多个县，考察测绘了2738处古建筑物。在林徽因的鼎力协助之下，梁思成破解了中国古建筑结构的奥秘，完成了对《营造法式》这部"天书"的解读。她在工作之余，也从事文学创作。

她的诗多数是以个人情绪的起伏和波澜为主题，探索生活和爱的哲理。诗句委婉柔丽，韵律自然，受到文学界和广大读者的赞赏，奠定了她作为诗人的地位。

1937年5月，朱光潜担任主编的《文学杂志》归由商务印书馆出版，林徽因是编委之一，也是该杂志的主要撰稿人。她的《病中杂诗》9首就是在《文学杂志》发表的。林徽因最著名的诗歌，当数《你是人间的四月天》。

作为人民英雄纪念碑创作者之一的林徽因，她去世后被葬在北京八宝山革命公墓，墓碑基石就是原来为人民英雄纪念碑碑座雕饰的一块大理石样石。金岳霖送她一对著名的挽联，上书"一身诗意千寻瀑，万古人间四月天"。

梁思成、林徽因夫妇历时15年，走遍中国15个省的190多个县，考察测绘了2738处古建筑物。林徽因还协助梁思成完成了对《营造法式》这部"天书"的解读。（插图：傅萌）

刘道铿：
同力协契 振此"晨钟"

进馆时间：不详
职　　务：编审员

刘道铿（1883—1958），东吴大学教授，《晨报》总编辑，文学研究会的主要发起人。字放园，号佛楼、十三佛楼，福建侯官（今福州市区）人，冰心的表兄，冰心文坛的引路人。

清末优贡，朝考一等第一名，授法部七品京官，任主事。善书画，精诗文，著有《放园吟草》。

刘道铿早年毕业于日本早稻田大学经济部，与李大钊同为汤化龙四大私人秘书之一。民国时期历任众议院秘书长、内务部参事兼民治司司长。他担任内务部司长时，林志钧正好在司法部任司长，两位同乡好友皆成为宣南画社成员。

1916年，汤化龙、刘崇佑、李大钊、陈筑山和刘道铿等人共同创办《晨钟报》，李大钊担任总编辑，刘道铿任经理、编辑。《晨钟报》副刊创刊号上李大钊曾以"铁肩担道义"一句作为警语。《晨钟报》改名《晨报》后，刘道铿任总编辑。刘道铿是《东方杂志》的作者，曾受聘于商务印书馆任杂志编审员，还担任过东吴大学法学院教授。五四运动爆发前夕，他是《晨报》编务主任。林长民把《外交警报敬告国民》文稿交给梁敬錞

（福州人，时在北大任教），由梁再把稿件转交时任《晨报》总编辑的陈博生（福州人）和编务主任刘道铿，并于次日在《晨报》上发表。五四前后，刘道铿还在《晨报》上刊发了林长民写的大量文章，集中发表了拒绝巴黎和会签字的大量报道，与陈博生一道助力林长民等引爆这场轰轰烈烈的爱国运动。

1921年，他辞去北京《晨报》工作，到上海就任通易信托公司董事，后还担任东吴大学法学院教授，抗战胜利后为盐业银行董事会秘书。1953年刘道铿受聘为中央文史研究馆馆员。

王彦行：
剩个山门 拓个郊园

进馆时间：不详
职　　务：编译员

王彦行（1903—1979），本名王迩，号隘厂、澹颙，福建福州人。

王彦行毕业于私立福建法政专门学校，后历任上海国立劳动大学注册课主任、商务印书馆编译所编译员、同济大学校长办公室秘书等职。1949年后，他还在万国化学工业社等处工作过。他善于诗词创作，是商务印书馆《东方杂志》"文苑"的热心作者，著有《澹颙诗录》。

《澹颙诗录》由徐行恭、黄君坦题签，陈声聪、陈琴趣序跋。这四位名家除了徐行恭外，其余三人都是福州人。黄君坦（1901—1986）是黄公渚之弟，中央文史研究馆馆员，著名学者与诗人。陈声聪（1897—1987），字兼于（与），著名诗人，民国时期曾任贵州税务局副局长、福建省直接税务局局长、财政部专员，1950年被聘为上海文史研究馆馆员。陈琴趣（1905—2000），名泽锽，著名诗人、古琴大家，擅书画，与陈声聪、陈九思有"海上三陈"之称。

在商务印书馆编译所任职期间，王彦行致力于传统文化的传承和发展，参与国故整理。正如其《采桑子》词中曰："垂阳还逗招提影，剩个山门，拓个郊园。旧管新收许并存。"

陈寿凡：
人类种质改良的探索者

进馆时间：不详
职　　务：编译员

陈寿凡（生卒不详），福建闽侯人。

他是商务印书馆编译所的编译员，与编译所法经部部长陈承泽关系密切，曾合作出书，生平情况不详。商务印书馆出版其译著、专著有：《欧美宪政真相》（陈寿凡、陈承泽）、《欧美列强国民性之训练》《商法原论》《人种改良学》《不用药食物疗病法》等。

1919年，陈寿凡根据达文－波特所著的《优生学的遗传基础》编译了《人种改良学》一书，提出酒精成瘾、癫痫、疯癫、贫困、犯罪都是可遗传的不良素质。"因此，为了实现人种之改良，必须采用生物手段来加以去除。《人种改良学》作为较早向国人介绍人种改良知识的论著，它传递的优胜劣汰的观点，塑造了中国学者对人种改良理论的最初认知。以'择优汰劣'为逻辑内核，将源于生物意义上的改良发散运用到人类种质选择中去的思路，很快被学界广泛采用。"[①]

[①] 刘波儿：《中华民族共同体构建逻辑的曲折探索——以民国时期民族学界的人种改良讨论为视角》，《青海民族研究》，2020年第4期。

陈 步：
深挖社科　笔耕不辍

进馆时间：1962 年
职　　务：编辑

陈步（1921—1994），中国社会科学院哲学所研究员，国务院特殊津贴专家，长期从事自然辩证法及人工智能的研究工作。原名陈光权，福建福州人，陈衍嫡孙。

他毕业于重庆中央大学数学系和哲学系，获双学位。1949 年后历任中宣部《和平民主报》编辑、商务印书馆编辑和《中国社会科学》编辑。1980 年 7 月，陈步调到中国社会科学院哲学所从事研究工作。其学术活动涉及农学、医学等自然科学和思维科学、哲学诸领域。

在商务印书馆期间，他曾主持鉴定外国名著 200 多种，组稿 50 多部，编书 20 多种。代表性论文有《人工智能的哲学探讨》《稳态与中医学》《论经络》和《思维科学是一门历史科学》等。他离休后仍笔耕不辍，把生命的最后时光全部献给了社科院的重点项目"历史文化遗产的整理——陈衍著作调研复制并整理"。

董 琨：
现代辞书的修订人

进馆时间：未知
职　　务：主编

　　董琨（1946—），福建福州人，《闽都别记》主编董执谊的曾孙。他曾是福州第一中学的高才生，当年高考因家庭出身受累，在时任福建省教育厅厅长王于畊（叶飞将军的夫人）帮助下，董琨得以录取北京师范大学，才成就了他后来的一番事业。

　　他先后就读于北京师范大学、中山大学，获文学硕士学位，主要学术专长是汉语文字、辞典编纂及书法艺术研究。董琨是中国社会科学院语言研究所业务副所长、研究员、博导；国家语委咨询委员会委员、国家语言文字技术标准委员会委员、汉语语音分标准委员会主任委员、国家科技名词审定委员会委员及语言学名词审定委员会主任委员。

　　他是商务印书馆《现代汉语词典》的主要修订人员，第五、六版《现代汉语词典》审定委员会委员兼哲社条目审定负责人。他还是商务印书馆《辞海》（最新修订版）的三位主编之一、《学生成语词典》的编者之一。董琨整理《正字通》，其专著《述学集》《汉字发展史话》《中国汉字源流》等由商务印书馆出版。

来自福州的"商务"作者

第三辑

  商务印书馆创办之时，正值西学东渐、风气渐开之际。商务印书馆确立了"普及文化、弘扬传统、沟通中西"的使命与担当，吸引了一批力主引进西学、传播西方先进思想的翻译家和学者。从此时开始的近代阶段，福州人逐渐成为商务印书馆最庞大的作者群体之一。

  他们中的突出代表，包括严复、林纾、林觉民、冰心、庐隐、陈承泽、何公敢、郑贞文、林白水、唐钺、林志钧等，融中西之异，通古今之变，寻真理之光，以文化救国为己任，仅一部《天演论》就让亿万国人警醒。

严　复：
发蒙启蔽　一代宗师

严复（1854—1921），近代著名的启蒙思想家、翻译家和教育家，新法家代表人物。原名宗光，字又陵、几道，福建侯官（今福州）人。

他早年毕业于福州马尾的船政学堂和英国皇家海军学院，曾担任过北洋水师学堂总办、京师大学堂译书局总办、上海复旦公学监督、安庆高等师范学堂监督和北京大学首任校长、清海军协都统等。

严复曾经帮助张元济创办通艺学堂（北京大学的前身之一）。在京期间，他完成了《天演论》的翻译，还将译稿给梁启超等人传阅。可见在《天演论》正式出版之前，其"物竞天择"的理论早已在思想界传开了。在甲午战败的紧要关头，严复创办《国闻报》，翻译刊发《天演论》，系统地介绍西方民主和科学，宣传"物竞天择，适者生存"的观点，发出再不变法将循优胜劣汰之公例而亡国亡种的呐喊，给当时的中国社会带来了振聋发聩的影响。严复成为中国近代史上向西方国家寻求真理的"先进的中国人"之一。《天演论》风行海内，名噪一时。光绪二十四年（1898），严复受命前来觐见光绪皇帝，撰《上光绪皇帝万言书》阐述变法主张。哈佛大学教授史华兹在《寻求富强：严复与西方》中写道："严复所关注的事是很重大的,他所提出的问题,无论对中国还是对西方都意味深长。"

严复的生平事迹多有介绍,在此不作赘述,着重提一下他与商务印书馆的关系,以及他的教育思想与情怀。作为作者的严复与商务印书馆之间的合作,可谓是开拓性的、全方位的、双赢的。主要表现归纳为:其一,基于早年严复与张元济通过创办通艺学堂所建立起的良好关系,严复对张元济是十分信任的。于是从1903年开始,严复所有的著作全部归由商务印书馆出版,纳入"严译名著"系列,并由商务印书馆发行所独家发行推广。《严译名著丛刊》等在商务印书馆相继出版,双方的影响力都进一步扩大。其二,严复在与商务印书馆的出版合作以及和张元济的通信讨论中,在中国第一次引用了版权的概念。于是后来就正式开启了著作权暨版权保护的合作模式。其三,利用严复自身的影响力为商务印书馆的出版物"站台",为辞书、图书题签或写序,提高出版物的知名度。例如,严复为商务印书馆出版的三部英汉辞典作序,为印书馆带来了极大的推广效应。其四,为商务印书馆编纂、出版教科书助力。除了倡导外,还力行,如放下身段为少年儿童蒙学教育出力。1908年,严复应商务印书馆编译所之邀编纂草书字帖,以供小学生习字使用。1910年,商务印书馆编印出版《初等小学堂习字帖》全套十册,其中第九、十册收入他的草书与书家何维朴的行书。其五,为商务印书馆的发展出谋划策,常与张元济、高梦旦等交流并有所建议,倡言革故鼎新。他用实际行动支持商务印书馆试行新的印刷版式规制。1904年,商务印书馆出版严复的著作《英文汉诂》,在图书排版规制方面开先河:中国第一次出版从左至右完全横排的书;第一次将西方的标点符号运用于汉语著作。其六,投资与商务印书馆,助力于出版事业,成为商务印书馆的自然人大股东(最高股比曾经占1.67%)。

最后回顾一下他的教育思想与情怀。在这位深思远虑的教育家眼里,一个真正意义上的教育救国方案是针对全体国民的,必须通过提高每一位国民的综合素质来实现民富国强的目的。在中国,严复是第一个提出德智体全面发展的人,其著名的"教育救国论"主张推行"鼓民力、开民智、新民德"的"三育体系",并强调基础教育的重要性。

1902年10月严复担任京师大学堂译书局总办后,即着手制定了《京师大学堂译书局章程》,认为翻译外国教科书为当务之急,蒙学和小学又为急中之急。1906年4月严复发表《论小学教科书亟宜审定》一文,对教科书编写主旨及其体系诸方面都提出了自己的看法。他认为"中学以下,不仅德育,即智育亦不可无教科书也"。严复倡导在遵循教育宗旨的前提下,教科书的审定和选用应该持宽松态度。这无疑对当时教科书编撰的社会广泛参与和平等竞争起到了极大的推动作用。

在严复1909年的日记中，还多处记载他亲身参与审定及修改教科书的记录。这一年，严复还任学部编订名词馆总纂，带领王国维等人厘定了植物学、数学、心理学等学科名词，并出版名词对照表，便利了教科书的编撰（译）。严复提出的"信、达、雅"的翻译标准，对后世的翻译工作同样产生了深远的影响。

船政学堂毕业后，严复受公派到英国留学，认识了时任中国驻英公使郭嵩焘。两位年龄悬殊、经历迥异、地位云泥的人，很快就成了"忘年交"。这在留学生与驻外使节交往史中留下了一段佳话（插图：傅萌）

《天演论》的出版产生了极大的反响。光绪二十四年（1898），光绪帝命严复前来觐见。严复撰《上光绪皇帝万言书》阐述变法主张（插图：傅萌）

附　　录

商务印书馆就出版严译
《社会通诠》与严复所议立之合约（1903年12月）[①]

  立合约译书人严几道为一方，印书人商务印书馆为一方。此两方人议立合约如左：

  一、所译书名《社会通诠》，系英人甄克斯 E. Jenks 原著。书名 The Short History of Politics.

  二、此书经严几道手译，系稿主；经商务印书馆印行，系印主。

  三、此书出版发售，每部收净利墨洋五角。其市中定价随时高下，纸、装不同，批发折扣悉由印主之事，与稿主无涉。

  四、此书另页须粘稿主印花。如无印花，察系印主私印者，罚洋两千五百元，此约作废，听凭稿主收回版权。

  五、此书版权系稿、印两主公共产业。若此约作废，版权系稿主所有。

  六、印行出书，如经稿主察出有欺蒙情节或稿主应得之利过时不缴，此约作废。

  七、每批拟印刷若干须先通知稿主，以便备送印花。

  八、译利照出售之书，按账于每月底清算，由稿主派人收入。

[①] 出版史研究普遍认为这是或很可能也是我国最早的出版合同。但是有学者持不同的观点，如艾俊川所著《中国印刷史新论》（中华书局，2022年1月版）书中指出：文明书局为廉泉和丁宝书（字云轩）等无锡人集股合办，俞复（字仲还）任总经理，光绪二十八年（1902）6月1日在上海开业，出版的书籍除蒙学教科书外，偏重于译著，故又名文明编译书局。廉泉在光绪二十九年（1903）初看到《群学肄言》译稿，当即向严复约稿，并由文明书局与严复签订合同，约定版权和分利事项。这是目前所知中国第一份具有现代意义的出版合同。这份合同虽未能保留下来，但廉泉在当年11月29日写给严复的长信中，复述了其主要内容，严复作为著作权人的权利，大致有以下几项：严复将《群学肄言》交由文明书局出版，版权双方共有。印数限六千部，每部译者分利七角五分；待前三千部销完，书局向译者支付全部六千册的译利；后三千部销完，书局归还版权，合同撤销；书局未及时或足额支付译利，属于背约，译者可收回版权；书中须粘贴译者提供的版权印花，否则视为盗印，一经发现，书局罚银两千，版权归还。在光绪二十九年（1903）10月，严复将另一部译作《社会通诠》交由商务印书馆出版，并与商务"议立合约"，这份合同保存至今，条款与严复同文明书局所立合同相似。文明书局的合同立于春季，商务的合同要晚半年。若将《社会通诠》的出版合同看作近代中国最早的版权合同，未免抹杀了严复与文明书局在著作人版权保护方面的首创之功。但是，不论哪份合同在先，可以肯定的是，我国最早的出版合同签约一方的著作权人都是严复。

九、此约未废之先，稿主不得将此书另许他人刷印。

十、如书情格式、纸墨校勘未精，稿主得以随时商令改良。

右约十条。

               稿主 严几道

    光绪二十九年十月日 立合约 印主 商务印书馆

               在见 张元济

林 纾：
译林丛中的"叫旦鸡"

　　林纾（1852—1924），近代著名的文学家、翻译家。原名群玉、秉辉，字琴南，号畏庐，别署冷红生，福建闽县（今福州市区）人。他曾经担任北京大学讲席，参与创办"苍霞精舍"（今福建工程学院的前身）。

　　林纾工诗古文辞，意译外文，后来肆力于画。大器晚成的林纾与王寿昌合作，以《巴黎茶花女遗事》译本，开始了他迟来的丰硕著译生涯。1898年，林纾在马尾与船政留法学生王寿昌合译法国小仲马名著《茶花女马克格巴尔遗事》。林纾不懂外文，由王口述而译。译作中文取名《巴黎茶花女遗事》。这是第一部用中文介绍的西方小说，为国人闻所未闻、见所未见，一时风行全国。此书一经刊行就产生了巨大反响。

　　在此后的27年中，他不仅用一腔爱国热血挥就了百余篇针砭时弊的文章，用独到的文笔完成了《畏庐文集》等40余部著作，成功勾勒出中国近代社会的人生百态；而且在不谙外文的情况下，与魏易以及船政出身的魏瀚、陈家麟等留洋才子合作翻译了180余部西方小说。林纾与商务印书馆联袂创造了"林译小说"这一文化品牌，确立了林纾作为中国近代文坛的开山祖师及译界泰斗的地位，并留下了"译才并世数严林"的佳话。

在当时，商务印书馆基本的稿费标准是 2～3 元/千字，林纾的稿费则是它的 2～3 倍，而且是"卖方市场"，足见印书馆对其的重视。他的译稿要事前邀约，商务则每稿必收。商务印书馆十几年间出版发行"林译小说"，累计付给林纾的稿酬高达 20 万银圆（其中包括口译者的分润部分）。林纾因此还成为商务印书馆的股东。

"林译小说"的多产，是与高梦旦的力邀和商务印书馆的鼓励分不开的。商务出版的"林译小说"多达百余种。林纾翻译小说，不光要把外国小说的艺术技巧介绍到中国来，更要把他的爱国热忱通过翻译来感动读者。他曾说："纾年已老，报国无日，故日为叫旦之鸡，冀吾同胞警醒。"

林纾在译著之余，应商务印书馆之邀还独立编纂《中学国文读本》。他自觉地注意了对国人进行传统道德观、价值观的教育，使得这套教材经商务印书馆发行后即成为当时最具影响力的中学国文教科书之一。

魏 瀚：
懂文学的造船专家

魏瀚（1850—1929），名植夫，字季潜，福建侯官（今福州市区）人。工科赐进士出身，法学博士、中国第一代著名的造舰专家。

1866年，他与严复等人同时考入福州马尾的船政学堂第一期，在前学堂学习舰船制造。1871年毕业，他以前学堂首届学生第一名的成绩被留在船政船厂从事技术工作。1875年船政监督日意格回法国采购机器设备，魏瀚等三人随同出国学习，成为中国第一批赴海外考察和留学的海军军官。法国留学期间，他兼学法律，也因此成为第一位获法学博士的中国人。

1879年学成归来，他出任船政工程处总司制造（总工程师），次年12月又奉命赴德国监造"定远"舰。1882年回国后魏瀚开始参与和主持建造军舰。这是中国人首次自主设计和建造近代船舶，意义非凡。他主持设计建造了中国第一艘巡洋舰"开济"舰（此舰被称为"中华所未曾有之巨舰"）、中国第一艘铁甲船"龙威"舰（后加入北洋水师改名"平远"舰），参与制造了中国第一艘钢甲鱼雷舰"广乙"舰、中国第一艘猎雷舰"建威"舰。他前后主持或参与建造了12艘舰艇，"均能精益求精，创中华未有之奇"，为海军舰船乃至中国造船工业的发展作出了具有里程碑意义的突出贡献。

1898年后他被湖广总督张之洞聘用，担任外交、铁路、翻译、制造等工作，主持了许州临颍段铁路的建设。1903年上谕调魏瀚重回船政主持工作，以四品卿衔任船政会办大臣。他与法方订立合约，收回船政学堂管理权等。1904年魏瀚又调往广东，主管广东水雷局、鱼雷局、黄埔船局，还兼任黄埔水师学堂总办、黄埔水师鱼雷学堂总办、黄埔水师兼办工业学堂总办，记名海关道二品顶戴。1910年清廷成立海军部，魏瀚被任命为造舰总监（未到任）。辛亥革命爆发后，魏瀚重回福州，出任船政局（民国后改"船政"为"船政局"）局长，授中将军衔。时海军部在马尾成立飞机制造处，开始培养这方面的人才。1915年，66岁高龄的魏瀚担任总监，率领公派的第一批飞机、潜艇专业学生赴美留学。这批学生中后来诞生了中国最早的飞机设计专家，并建成了中国第一架飞机"甲型一号"。魏瀚人生最后一个职务是驻英海军留学生监督。

魏瀚家族是中国近现代最著名的海军世家之一。魏瀚的兄弟、堂兄弟9名，有6位毕业于船政系列学堂，其中6人成为海军军官。他的子孙辈还出了不少的海军精英，其中11位出身于海军著名学校科班，海军上将和海军中将各1位、海军少将2位。

魏瀚是林纾走上翻译之路的主要引路人。他喜爱外国文学，也曾与林纾合作翻译过文学作品。由他口译、林纾笔述的《保种英雄传》一书，由商务印书馆出版发行。

严　璩：
会译书的财政部长

严璩（1874—1942），字伯玉，福建侯官（今福州市区）人，严复的长子。他学有家传，通晓英国正统学派的经典文献及英、法语，还工诗善书。

严璩早年在英国留学，1900年回国后任广东省电政监督，任驻法国使馆参赞，视察越南，1909年任福建财政监理。民国成立后，历任北洋政府长芦盐运使、财政部参事、公债司司长。1922年后，他三度出任财政部次长，以及全国盐务署署长兼盐务稽查总所总办等职。1924年，严璩任北洋政府财政部部长。1929年，他出任南京政府财政部次长，后又出任司法部总务司司长。抗日战争期间，他拒绝出任日伪财政部部长，后病逝于上海。

严璩没有子女，堂兄严培南将长女严倚云过继给了他。严倚云毕业于北京大学，曾留校任教。之后她又赴美留学，在密歇根大学攻读硕士和博士学位，在美国致力于中国文化和语言的传播教育。

严复是著名的翻译家，严家后辈在翻译事业上也颇有作为，严璩和堂兄严培南就曾经和林纾一起翻译《伊索寓言》。《伊索寓言》的翻译工作完成于清光绪二十九年（1903），由商务印书馆出版。《伊索寓言》共收寓言

298则，书一经出版便大受欢迎，至1924年已再版19次，可见其在当时受欢迎的程度。"伊索"和"寓言"这两个译名也是从这一版本开始延用而被读者所接受。严璩还著有《越南视察报告》等传世。

林　驺：
林纾的后期合作者

林驺（生卒不详），字季璋，号磨海史、安蔬庐主人，福建闽县（今福州市区）人。工诗书，擅画，与其兄皆为林纾的弟子。

林驺早年就读于京师同文馆，习法语和英语。毕业后，留学比利时学习法科专业（学者陈悦分析后认为，林驺很可能是驻法公使孙宝琦带出去的那批留学生之一）。归国后他曾担任江西巡抚部院内文案（即今之机要秘书），之后进入清政府外务部，任驻俄使馆三等通译官。民国时期任驻意大利使馆一等书记官、古巴总领事馆随习领事等。1920年，林驺调入交通部任主事。北伐战争后林驺开始淡出政界，客居上海徐家汇。

在任职交通部期间，林驺和林纾曾经合作翻译《兴登堡成败鉴》，由他口译，林纾笔述。《兴登堡成败鉴》由商务印书馆出版，反响亦佳。客观地说，译著的生成，口译者的作用不容忽视。受益于在京师同文馆法文、英文和科学知识的学习积累，以及海外的经历，"在政学外交界供职二十八年，两次遍游世界，对于商学洋务，均有经验"（时任上海总商会执行委员项世澄之评价）。林驺在翻译选材和对内容的解读上，对林纾的笔述还是有很大的影响。正如林纾在《〈兴登堡成败鉴〉序》中直言："吾不审西文，但资译者之口，苟非林季璋之通赡，明于去取，则此书之猥酿不纲尚不止是也。"

张元奇："直声振天下"

张元奇（1860－1922），进士出身，诗人，字贞午、珍午、君常，号姜斋，福建闽侯（上街镇厚美村）人。他是围棋大师"昭和棋圣"吴清源的外祖父。

自幼饱读经书，少年即擅长闽剧（福州地方剧）曲调，工诗文，诗风效仿苏东坡，曾赴台教书。光绪十二年（1886）考中进士，散馆授翰林院编修。历任监察御史、湖南岳州知府、奉天锦州知府。在监察御史任上，他曾不畏权贵，以弹劾当时烜赫一时的宗室大臣庆亲王奕劻之子、权臣农工商部尚书载振而闻名朝野，获"直声振天下"的美誉。1910 年 11 月，东北哈尔滨地区突发鼠疫。钦差大臣三省总督锡良在沈阳设置防疫总局，委任民政使张元奇、交涉使韩国钧总司其事。战胜疫情后，张元奇和韩国钧均受到朝廷传旨嘉奖。两位得力干将协助锡良打理内政外交，战胜疫情，同时还赢得了国际社会的认可和赞许。

张元奇与徐世昌是同科进士，交情甚深，徐还为吴清源父母保过媒。辛亥革命后，张元奇成为徐世昌的"家臣"，先任北京政府内务部次长，旋外派福州任福建省民政长（福建首任省长）。民国二年（1913）2 月 4

日，张元奇乘轿前往福州仓前山回拜各国驻榕领事，途经台江万寿桥时遇刺，一名轿夫不幸身亡。3个月后，他辞职离开福州，民政长由江瀚经护理。民国三年（1914），任政事堂铨叙局局长，后历任奉天巡按使、署内务部次长、兼参政院参政，任肃政厅肃政使、经济调查局总裁等职。晚年回到福州，被推为鳌峰书院山长。

张元奇著有《远东集》《兰台集》《知稼轩诗稿》《稼轩诗钞》，合撰《中国地方志集成》《邵武府志》等。他的诗词作品曾多次被商务印书馆《东方杂志》选登，如七绝《由半山亭至万松关》："云水分明剩爪痕，山亭题句已无存。万松化劫重来日，呜咽泉声听到门"。

王世瑛：
"晦庵从容阳明峭"

王世瑛（1899—1945），女，作家，福建闽县（今福州市区）人，家居福州城内东街妙巷。

她的家世显赫：高祖父王庆云，进士出身，曾任清两广总督、工部尚书；曾祖父王傅璨，曾任刑部主事；祖父王仁堪，清末状元（也是福州的最后一位状元），因在镇江知府任上处理"丹阳教案"而闻名中外，他还在苏州知府任上参与处置轰动朝野的周福清（鲁迅的祖父）科场贿赂案，徐世昌和梁启超都是他的门生；姑祖母王眉寿，福建女学第一人，为"末代帝师"陈宝琛的夫人、王仁堪的姐姐，被赞为"夫门生天子，弟天子门生"，荣耀之极；堂弟为文物专家、人称"京城第一玩家"的王世襄；王世瑛的父亲王孝缉（王彦和），清末举人，民国时期担任过教育部视学、福建省教育厅厅长。

今人对王世瑛可能略感陌生，殊不知她在五四时期可是一位令人瞩目的"网红"人物。她早年就读于福州女子师范学校，与冰心是校友，后来还成为挚友。1917年至1922年，她就读于北京女子高等师范学校，担任学生会主席，积极参与了五四运动。王世瑛和同班同学黄英（庐隐）、陈定秀、程俊英四人（除了陈定秀来自苏州外，其余三人皆为福州人）文采风流，出入相共，成为中国第一代觉醒的新女性代表，人称北女师"五四四公子"。同学曾写诗形容"四公子"，给了王世瑛"晦庵从容阳明峭"的赞誉。中国第一代现代女作家大多来自北女师学生，"四公子"便是其中的出色代表。她们高举女性解放的旗帜，上大学读书、街头抗议、著书写作，成为傲然出走的娜拉（娜拉是话剧《玩偶之家》中的女主人公，是一个善良、热情、富于责任感的小资产阶级女性，是觉醒的、争取妇女解放的叛逆女性形象。鲁迅先生曾于1923年12月26日在北京女子高等师范学校文艺会上做《娜拉走后怎样》的演讲。鲁迅先生对娜拉出走后的出路进行分析，认为她只有两条路可走，"不是堕落，就是回来"。该演讲稿后来收入鲁迅的杂文集《坟》）。

王世瑛从北女师毕业后，自费到日本考察教育，写有《旅行日记》。该文后来在《晨报·副刊》发表，成为一份20世纪20年代中日教育比较研究的珍贵史料。1921年4月，郑振铎任主编的文学研究会会刊《文学旬刊》在上海创办，王世瑛在上面发表了不少文章，如小说《心境》《不全则无》和《东京行》系列小诗等。她后来还在商务印书馆《小说月报》杂志上发表过作品，其中《怎样去创作》一时被人传颂。

王世瑛年轻时是个富有故事的知性女子。她的初恋情人是郑振铎，因王家父母的强烈反对，这段短暂的恋情最后无疾而终，有情人终未成眷属。后经庐隐介绍，王世瑛认识了张君劢（"科玄论战"的引发者，中华民国宪法之父），最终嫁给了他。有人说张君劢与小脚的原配夫人沈氏离婚，迎娶新女性王世瑛，和妹夫徐志摩与妹妹张幼仪离婚后迎娶陆小曼，别无两样，只是后者闹得满城风雨罢了。而王世瑛的挚友冰心与吴文藻的结合则不然，平淡却富有戏剧性。当年女方的介绍人是张君劢，而男方的介绍人是胡适。这对"科玄论战"的曾经"死对头"，竟然同时为一对新人当"红娘"，这或许就是缘分的魅力吧。

1945年，王世瑛因难产去世。此后，在她的墓地，经常有人手捧一束鲜花前来探访，直至1958年10月——这个人就是郑振铎。

冰 心：
有了爱便有了一切

　　冰心（1900—1999），女，诗人、现代作家、翻译家、儿童文学作家、散文家和社会活动家，中国文联副主席、中国民进中央副主席和名誉主席。原名谢婉莹，福建长乐（今福州市区）人。

　　冰心的父亲谢葆璋，曾参与甲午海战，后历任北洋海军"海圻"舰副舰长、烟台海军学堂首任监督（校长），民国初期署理海军次长，担任海军部海道测量局少将局长；丈夫吴文藻，哥伦比亚大学博士，教授，中国著名社会学家、人类学家和民族学家。

　　燕京大学和美国威尔斯利学院毕业后，她曾在燕京大学、北平女子文理学院、清华大学任教，还担任过日本东京大学特聘的第一位外籍女讲师。冰心参加茅盾、郑振铎等人发起的文学研究会，努力实践"为人生"的艺术宗旨。其小说以清新隽永的珍品形态面向读者；其散文以立意新颖、题材广泛且寓意深邃的形式与人细诉；其儿童文学作品充满对少年儿童的爱与对生活的希望，以情动人。1933年末，冰心写就的《我们太太的客厅》，内容被疑影射林徽因，成为文坛公案。

　　在少年时代，冰心就是商务印书馆出版物的小读者。她曾说："我启蒙的第一本书,就是商务印书馆出版的线装的《国文教科书》第一册。"
"在我幼稚的心中,商务印书馆是一座屹立在上海的巍峨大厦,里面住着几位专授知识的大师,如张元济、高凤谦……"和许多著名作家的处女作一样,冰心的第一部小说集《超人》也是在商务印书馆出版。后来她的诗集《繁星》《春水》《冰心文集》等,也都是在商务印书馆刊行。

在少年时代,冰心就是商务印书馆出版物的小读者。她曾说:"在我幼稚的心中,商务印书馆是一座屹立在上海的巍峨大厦,里面住着几位专授知识的大师,如张元济、高凤谦……"(插图:傅萌)

庐　隐：
才女作家　亚洲侠少

　　庐隐（1898—1934），女，"五四"时期著名的作家，与冰心、林徽因齐名并称"福州三大才女"。原名黄淑仪、黄英，笔名庐隐，福建闽侯人。1934年因难产而不幸逝世，年仅36岁。

　　庐隐早年就读于北京女子高等师范学校，是五四运动的积极参与者，北女师"五四四公子"之一，人称"亚洲侠少"。毕业后在京师公立第一女中、工部局女子中学等校任教。庐隐的小说处女作《一个著作家》，是1921年2月第一次用这一笔名在茅盾主编的《小说月报》上发表的。在这之后，她一共创作了80个中短篇及4部长篇作品，包括《地上的乐园》和《火焰》等，被赞誉为"五四"第一高产女作家。

　　她前期的作品以"社会问题小说"为主。五四运动后，庐隐创作的个性才真正得以彰显，"五四"一代青年复杂的感情世界在她哀伤的笔调下描写得丝丝入扣。郑振铎、茅盾、叶圣陶等发起成立的文学研究会，其"为人生"的文学主张对庐隐的影响很大。茅盾评价："'五四'时期的女作家，能够注目在革命性的社会题材的，不能不推庐隐是第一人。"（茅盾：《论庐隐》）

庐隐的第一任丈夫是郭梦良。郭梦良早逝之后，庐隐又嫁给了清华大学西洋文学系毕业生、青年诗人李唯建。轰动一时的庐隐与李唯建姐弟恋情，是在林志钧（福州人）处结缘的。有一次李去北京大学拜访林志钧教授，看到庐隐与人合编的《华严月刊》，便萌生拜访庐隐之念。后经林志钧介绍，他俩一见钟情，庐隐决定要与小自己近十岁的李唯建走到一起。1929年春，庐隐在天津《益世报》副刊上连续发表情书《云鸿的通信》；次年8月庐隐和李唯建东渡到日本结婚，写了散文《东京小品》。

　　商务印书馆出版的庐隐作品有《海滨故人》《象牙戒指》等，均收录在"文学研究会丛书"。

郭梦良：
改良主义的鼓动者

郭梦良（1898—1925），知名学者。名弼藩，福建闽县（今福州市区）人，庐隐的首任丈夫。1925年他因病早逝，年仅27岁。

他曾就读于全闽大学堂和北京大学，常在报刊上发表文章，以研究社会问题为主要方向，主张社会改良，推崇工会社会主义制度。在北京大学上学期间，他经常与李大钊、陈独秀等人一起聚会，探讨、传播新思想。

五四运动中，在北京的闽籍学生极为活跃，他也是积极参与者。庐隐、冰心、郑振铎、许地山、郭梦良、徐其湘等被称为"五四"福建"六杰"。1920年，在李大钊的倡议下，徐其湘、郭梦良与李大钊等发起成立中国第一个研究马克思主义团体——北京大学社会主义研究会，其宗旨为"集合信仰和有能力研究社会主义的同志互助的来研究并传播社会主义思想"。研究会的成员有：李大钊、何恩枢、徐其湘、陈学池、郭梦良、陈顾远、费秉铎、梅祖芬、鄢祥褆。研究会的通信地址就设在北大学生第一宿舍郭梦良处，郭梦良负责联络。没多久，主要因为成员之间观点的差异，组织发生了分化。陈顾远等组织了"工团社会主义研究会"，郭梦良等组织了"基尔特社会主义研究会"，李大钊等人则走上了追求科学社主义的道路。

郭梦良还是五四运动后中国那场影响深刻的思想文化论战——科学与玄学论战的积极参与者。1923年，张君劢（福州才女王世瑛的丈夫，好友郭梦良和庐隐是他们的姻缘"牵线人"；王世瑛曾是郑振铎的初恋情人）在清华大学作《人生观》演讲，认为："科学无论多么发达，而人生观问题之解决，绝非科学所能为力，惟赖诸人类之自身而已"，由此而引发历时近两年的中国思想文化领域"科学与玄学"的大论战（人称"科玄论战"）。论战中曾推出两本文集，其中一本是郭梦良编辑、上海泰东图书局出版的《人生观之论战》（上、中、下），由张君劢写序，代表了玄学派的思想立场。参与论战且具有影响力的福州籍代表人物是林志钧（玄学派）和唐钺（科学派）二人。《人生观之论战》一书，共收入唐钺五篇文章：《心理现象与因果律》《"玄学与科学"论争所给的暗示》《一个痴人的说梦——情感真是超科学的吗?》《科学的范围》《读了〈评所谓"科学与玄学之争"〉以后》；林志钧的文章一篇：《读丁在君先生的〈玄学与科学〉》。郭梦良负责主编《人生观之论战》，在论战中的"江湖地位"由此可见一斑。

郭梦良曾任上海国立政治大学总务长，译有《世界复古》等书。商务印书馆出版其译著有：《基尔特社会主义与劳动》《人生哲学与唯物史观》《基尔特社会主义与赁银制度》等。

陈博生：
传播"马列" 见证历史

陈博生（1891—1957），中国著名报人。名溥贤，字博生，笔名渊泉，福建闽县（今福州市区）人。

少年在乡读家塾，1902年东渡求学，先后在日本上完中学和大学。毕业于早稻田大学政治经济系，曾参与同盟会革命党人运送弹药的活动。他和李大钊均为留日学生总会文事委员会委员、中国经济财政学会责任委员（责任委员共有六位）。辛亥革命后回国，先在国会众议院任秘书，后到北京《晨钟报》任编辑，负责国际新闻述评。《晨钟报》改组为《晨报》后担任总编辑，并参与创办《晨报副刊》。1928年《晨报》停刊，随张学良去东北，后游学欧洲。1930年《晨报》复刊（更名为《北平晨报》），被聘为社长兼总主笔。1935年任中央通讯社驻东京特派员。抗日战争爆发后回国，历任中央通讯社总编辑、《中央日报》（重庆版）社长兼总主笔、中央通讯社总编辑。他是一至四届国民参政会参政员、制宪国民大会代表（1946）和立法院立法委员（1948）。1949年去台湾，任"立法委员"。

陈博生为民国著名报人，其报业生涯几乎与民国社会相始终。"陈博生的新闻实践活动的核心是以追求新闻救国理念为其内在驱动力。这决定了其能在自由主义报人与国民党报人中实现身份的转换，但新闻自由与党化宣传毕竟有内在逻辑冲突与不可调和的矛盾，这决定了陈博生报业实践活动除了不断变化身份之外，亦被迫为了言论的生存而依附于现实政治，这或许是陈博生的无奈之举。"①

然而，陈博生也是在中国历史道路上留有足迹的人。其一，他是五四运动前后将马克思主义介绍到中国的重要人物。他担任《晨报》总编辑时，在李大钊的帮助和影响下，开辟了《晨报》"马克思研究"专栏，发表了《近代社会主义鼻祖马克思之奋斗生涯》《马克思的唯物史观》等多篇宣传马克思主义的文章，对马克思主义的早期传播作出了特殊贡献。他参与创办的《晨报·副刊》，在五四运动前后的社会中影响很大。《晨报·副刊》是除《新青年》以外的国内宣传马克思主义理论和俄国十月革命的重要刊物之一。但需要强调的是，李、陈二人对待马克思主义的态度本质不同。李大钊是坚定的马克思主义信仰者，陈博生只是马克思主义的介绍者。其二，他是东京湾日本受降的见证人和记录者。1945年9月2日上午，他代表中央通讯社参加在东京湾"密苏里号"军舰上举行的日本受降仪式。陈博生对于能见证这一历史时刻而无比自豪，在报道中说："能够参加签降典礼的人，算得上运气好，趁此机会大开眼界，给生命史添上一段丰富的史料。""签字的时间是十八分钟。在这十八分钟内，清算了十四年来侵略的罪恶，决定了'大日本帝国'的命运。"

陈博生还是《马克思经济学说》的第一个全文翻译者。1920年，陈博生的译著《马克思经济学说》由商务印书馆出版。

---

① 裴桐、齐辉：《抗战时期报人陈博生新闻实践活动初探》，《复印报刊资料索引》，2017年4期。

吴 石：
冷月无声"密使一号"

吴石（1894—1950），革命烈士。原名萃文，字虞熏、号湛然，福建闽县（今福州市区）人。他是陈宝琛和何振岱的学生，参加过辛亥革命和北伐。

吴石是武昌预备军校、保定陆军军官学校、日本炮兵学校和日本陆军大学的高才生。在日本求学时，其毕业成绩名列两校第一，被称为"十二能人"（指能文、能武、能诗、能词、能书、能画、能英语、能日语、能骑、能射、能驾和能泳）。民国期间历任陆军大学少将教官、第四战区中将参谋长、重庆军政部办公室中将主任。

1948年，吴石经吴仲禧（福州人，吴石的少年好友，中共地下党员，曾任国防部监察局中将首席监察官）介绍秘密加入中国共产党，成为举足轻重的将军级别的"余则成"（热播电视剧《潜伏》之主人公余则成的原型之一），为淮海战役、渡江战役的获胜立下汗马功劳。1949年8月，吴石调任国防部参谋次长赴台，中共华东局给他的代号是"密使一号"。1950年吴石因叛徒出卖而英勇就义。1973年国务院追认吴石将军为革命烈士。

吴石译著的《警察学纲要》于1936年在商务印书馆出版。

林传甲：
学界巨子　教育先驱

　　林传甲（1877－1922），解元出身，教育家、地理学家、方志学家、中国近代著名学者。字葵云，号奎腾，福建侯官（今福州市区）人。父亲林文钊为清末小官吏，但深谙舆地之学①，精于历算，著有《算学纪闻》一书，对幼年林传甲影响很大。

　　林传甲自幼聪敏，能文能数，人称神童。他早年就读于西湖书院，学习刻苦，博览群书，旁通舆地，以擅长算术而闻名福州。不及弱冠之年，他就开始在书院、学堂讲学。林传甲是一位具有维新和爱国思想的教育家。从1897年创办湖北民立小学开始，先后创办了湖北时务学堂、衡州时务学堂、常宁时务学堂等，其学识与才干为两广总督张之洞所器重。1904年经严复推荐，林传甲受聘为京师大学堂文科教授，讲授文学史。其讲义整理而成的《中国文学史》一书，成为中国较早的一部文学史著作。1905年出任广西知县、布政使文案，其间受公派到日本考察政治、教育，撰有《考察日本报告》。是年底，林传甲奉调黑龙江任将军衙门文案处帮办，旋

---

①"舆"指疆域，"地"即大地；"舆地之学"是地理学的古称。

改任学务处提调负责专办学务。学务处改为提学使司后，林传甲任学务公所总务科长，襄助全省教育事务，候补直隶州知州、补用知府。民国二年（1913），他担任教育司普通科科长兼教育行政会议长、通俗教育社社长，次年任北京政府教育部佥事（当时鲁迅也是教育部佥事，负责辑录金石碑帖、校对古籍等），但未晋京仍留省用。

黑龙江近代基础教育的奠基人，毋庸置疑，非林传甲莫属。黑龙江从清末改行省后才开始兴文教，因为长期受重武轻文老习俗的影响，教育事业极端落后，基础教育几乎空白。为此，在黑龙江任提调学务以后，林传甲与夫人祝宗梁（祖籍河南固始，蒙古族，著名教育家、诗人）一道，共同为教育而奔走，"多方劝谕，创办学校，发展教育"，夫唱妇随。到民国初期，他先后创办初等小学十余所，创建黑水中学，创办省立中学、师范、农业学校、工业学校及法政专门学校等。祝宗梁则相继创办黑龙江幼女学堂，女子初等、中等和师范教育，影响并带动全省女子教育的发展。在黑龙江工作的十年时间里，他与夫人除了创办学校、建设校舍外，在极其艰难条件下动员生源、聘请教师、配置教具、教科书和图书，以及创立全省基础教育体制诸方面，可谓殚精竭虑，不遗余力。他在文学和音乐教育等方面也同样作出了非凡的成绩，不愧为"教育先驱"。林传甲夫妇开创黑龙江近代教育，"创榛辟莽，前驱先路"，其卓越贡献已载入华夏的教育史册。

林传甲的一生，除了教育，在方志事业上也建立了卓著的功勋，特别是创造性地发挥方志的爱国主义教化功用。他非常重视区域地理志的编纂工作。1917年，林传甲受聘于中国地学会，愤于"外人谋我之急"，于是在中国地学会发起编纂《大中华地理志》之倡议，得到响应并被推举为总纂，牵头负责这项工作。他认为从地方入手的《大中华地理志》包裹着强烈的国家认同，是地理志编纂的最重要的目的与意义。在"国内多故，人心靡宁"的困境中，他不辞辛苦地历经15省，用3年时间为编纂《大中华地理志》进行详尽的实地考察与深入的研究。

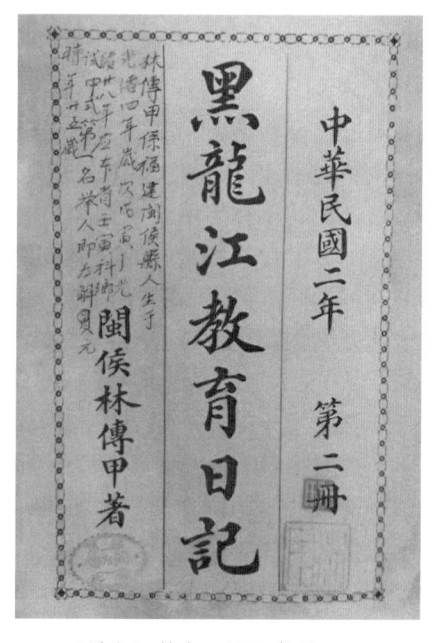

《黑龙江教育日记》书影

《大中华地理志》的编纂过程十分艰难,"幸赖林传甲全力支撑方得以继续,并成为此一时期中国地学会最大的事业与成就"[①]。1922年1月,刚刚完成《大中华吉林省地理志》的编纂,林传甲却因病在吉林省教育官署内与世长辞,时年45岁。从此刻起,"系于一人之身的《大中华地理志》编纂工作亦戛然而止。"[②]

林传甲(左二)兄弟三人与母亲刘氏合影(1911)

林传甲学博识精,著述宏富,被誉为"学界巨子"。中华书局2014年出版的《中国近代人物日记丛书:林传甲日记》,书评认为"内容丰富,识断独到,于经学、史学、文学、天文、地理、堪舆、算学、风俗、人情,诸多方面,多有发明""加之精于地学,对边疆问题的关注具有战略眼光,对新旧学的分疏与探讨也具有参考价值,寄托了作者的当下精神"。他主编《大中华地理志》,著有《铁路教科书》(与陈谟合作)《中国铁路形势论》《易县入京纪程》《大中华易县地理志》《直隶省易县志》《易水文源》《福海归程记》《湖南驿程记》《满蒙回藏地名释义》《黑龙江最新地图》《辽金元三史蒙拾》等,其中《筹笔轩读书日记》(1915)《大中华吉林省地理志》(1922)由商务印书馆出版。

[①] 谢皆刚:《浅述大中华地理志的编修》,《中国地方志》,2019年第2期。
[②] 谢皆刚:《浅述大中华地理志的编修》,《中国地方志》,2019年第2期。

李乔苹：
化学史研究第一人

李乔苹（1895—1981），教授，化学史家和化学教育家。原名景新，谱名永新，字乔苹，福建闽县（今福州市区）人。

父亲李世畅，清代闽浙总督署总文案；兄长李景铭，财政专家、民国财政部司长；儿子李德滋，教授、中国钢结构专家；侄儿李耀滋，麻省理工学院教授、美国工程院院士、全美华人协会主席，邓小平"一国两制"的方针是当年接见他时首次公开提出的；侄儿李诗颖，麻省理工学院教授、美国工程院院士、企业家；侄儿李智滋（后改名李刚），中国一汽第四任厂长，中国汽车工业总公司总经理、董事长，为中国汽车工业的孕育、诞生和发展作出了历史性贡献；侄女（李懿颖）婿钱学榘，钱学森的堂弟，空气动力学专家、美国波音公司高级工程顾问。

李乔苹自幼聪颖好学，11岁入福州西城小学堂学习，14岁那年破格考取福建三牧坊高等学堂（原全闽大学堂）。他从小立志工业报国，于是北上求学进入北京工业专门学校（北京工业大学），学习应用化学。大学毕业后，李乔苹长期从事化工方面的工作与研究。他是1922年中华化学工业会的创办者之一，还是中国大学、沈阳医学院教授。1948年初李乔苹赴台，先后兼任台北工专、台湾大学、台湾师范大学等校教授。

　　李乔苹毕生致力于化学事业，在化学教育、化学史研究和化工生产方面都取得了成就。其写就的《中国化学史》一书，奠定了他中国化学史研究第一人的学术地位。此书首次全面系统地介绍我国数千年化学文明，促进了当时国人对本民族古代化学成就的认识和自我意识的觉醒，广受国内外科学史界赞扬。此外，李乔苹在20世纪20年代开始，花费大量的时间和精力，先后为大、中学校编著了6部12册的化学教科书，极大地缓解了当时中文版化学教科书匮乏的燃眉之急。非常巧合的是，在商务印书馆工作的福州人郑贞文牵头统一了化学的中文译名后，我国采用这种新法译名出版的第一部著作，就是福州人李乔苹所撰的《有机化学工业》一书。

　　上海商务印书馆出版其著作有：《有机化学工业》（上册，1929）《有机化学工业》（下册，1935）《无机化学通论》（1936）《中国化学史》（1940）；台湾商务印书馆出版其著作有：《高中化学》（自然科组，1964）《高中化学》（社会科组，1965）和《中国化学史》（中册，1978）。其中《无机化学通论》收录商务印书馆的《大学丛书》。

林 庚：
太阳般明朗的形象

　　林庚（1910－2006），北京大学教授、博士生导师；诗人、古代文学学者、文学史家。原名林仰山，字静希，福建闽县（今福州市区）人，出生于北京。

　　沈从文称其在文学、法政、哲学、佛学、诗文、书画诸方面都极具造诣。金岳霖、张中行、吴小如均为其弟子。其父林志钧，清华大学教授；兄长林几，教授、中国现代法医学的奠基人；舅父梁敬錞，著名的历史学家。

　　他毕业于北京师范大学附属中学和清华大学，先留校任教，后担任厦门大学、燕京大学和北京大学教授，曾任北京大学中文系古代文学教研室主任、北京大学诗歌中心主任。早年，林庚与季羡林、吴组缃、李长之并称为清华"四剑客"；晚年，林庚与吴组缃、王瑶、季镇淮并称为"北大中文四老"。他的第一本自由体诗集《夜》于1933年出版。此后，他作为一名自由诗体的新诗人，先后出版了《北平情歌》《冬眠曲及其他》，还著有《春野与窗》《问路集》《空间的驰想》等6部诗集及《中国文学简史》《西游记漫话》《诗人屈原及其作品研究》《天问论笺》《诗人李白》《唐诗综论》《新诗格律与语言的诗化》等 11 部著作。

当年国务院科学规划委员会成立古籍整理出版规划小组，林家父子林志钧、林庚双双入选，为我国的古籍整理出版事业一起奉献光和热，成就了我国古籍整理出版史上的一段佳话。

"一位诗人，一位追求超越的诗人，超越平庸以达到精神的自由和美的极致；一位学者，一位有博大的胸怀和兼容的气度，对宇宙和人生有深邃的思考的'九五之尊'，留给了后人'太阳般明朗的形象'；一位导师，一位'有童心，毫不世故'的导师，始终坚守他的布衣精神，以平常心，做平常事，过平常的日子。他，就是林庚。"这是北京师范大学附属中学官网对林庚的高度评价。

林庚《中国新文学史略》（潘酉堂整理）一书由商务印书馆出版。

刘崇佑：
仗人间义的大律师

刘崇佑（1877－1942），举人出身，福建闽县（今福州市区）人。字厚诚，号菘生，商务印书馆编译员刘崇杰的大哥。

1905年他东渡日本求学，在日本明治法政学堂攻读法律专业，其间开始翻译《法学通论》（原著者日本织田万）。1908年学成归国后出任福建省之谘议局副议长。他参与制宪运动，倾向民主革命，曾投入反清斗争。刘崇佑与李大钊、梁启超、沈钧儒、邹韬奋、陈叔通等过从甚密。辛亥革命后，先任众议院议员，后专任律师，立志"律师应仗人间义"。他还参与新闻事业，与汤化龙等人在北京创办《晨钟报》。

刘崇佑十分重视法学教育。宣统三年（1911）正月，他与林长民联合创办私立福建法政学堂，任董事长。后来，该校成了当时全国最大的三所私立法政大学之一，培养了一大批法律人才。

刘崇佑曾在五四期间三次义助学生，享誉全国。第一次北大学生事件庭审时，参加旁听的后来成为著名女作家的冰心深受感动。之后在《晨报》刊发了她的第一篇文章《二十一日听审的感想》，她说"刘崇佑的精彩辩护令全堂坠泪"。而让刘崇佑一辈子引以为豪的，则是1920年义助的另一件学生诉讼案。1919年五四运动遭到北洋政府镇压之后，全国的热血青年积极声援北京学生。1920年1月29日，天津学生联合会举行大规模游行请愿，学生和警察之间发生了大规模冲突。周恩来等4位学生代表被拘捕，数百名学生受伤。周恩来以4位学生代表的名义写信给当时的著名律师刘崇佑，延请他为辩护律师。刘崇佑找到时任大理院推事的刘含章商量对策，两人为营救周恩来等4位学生代表积极奔走。刘含章是刘崇佑的侄儿，大理院推事的身份不宜公开出面。于是叔侄二人暗里共同出谋划策，明里由叔父刘崇佑担任辩护律师，最终赢得了周恩来等人的当庭释放。

释放当天，天津"学联"为了感激刘崇佑律师，特地送给他一个景泰蓝大花瓶。周恩来出狱后赴法国勤工俭学，刘崇佑还给周恩来提供赴欧路费。后来的两年时间里，刘崇佑还时常让夫人给周恩来汇款，资助其生活。如今，这封周恩来手书的信、刘崇佑所写的辩护书原稿和"学联"赠送的景泰蓝大花瓶，均保存在中国国家博物馆。

刘崇佑一身正气，还曾经为救国会七君子作辩护。1936年，沈钧儒、邹韬奋等七君子因致力于抗日救国运动，遭当局囚禁。他义愤填膺，积极参加律师团并担任首席辩护律师出庭抗辩。在法庭上，他慷慨陈词，为世人所钦。他逝世后周恩来称赞说："刘崇佑先生是中国一位有正义感的大律师。"

刘崇佑的译著《法学通论》，1907年由商务印书馆出版发行。该书作为法律教科书，出版后十分畅销。

刘含章：
中国司法界的元老

刘含章（1880—1952），教授，画家、古琴家，法官、中国司法界的元老。字仲缵，福建闽县（今福州市区）人。

他毕业于北京大都会法学会，最早担任福建省福州南台商业港口检察院检察官，后转任上海区检察院检察官。此后他开始进入审判机关，先后历任上海、福建、广东、东北等地高级法官，以及北洋政府大理院推事、南京国民政府最高法院民事庭庭长、最高法院东北分院院长、贵州高等法院院长等职。

北伐战争期间及其后，北京政府司法官员大量进入南京政府，出现"革命军北伐、司法官南伐"现象。1927年11月，南京国民政府最高法院成立，刘含章（曾任大理院推事）就是在这种背景下南下进入南京国民政府最高法院的。

他还是著名的古琴家。民国三十一年（1942）担任贵州高等法院院长期间，刘含章在贵阳组织成立贵州近代第一个古琴社团"贵州琴社"，成员包括著名琴家桂百铸、杨葆元、于世明等。他善书画、诗词，与张大千、徐悲鸿、傅抱石等名画家为至交。书法家张宗祥个人年表中有记载：

"一九四七年（丁亥）刘含章（仲缵）、郑曼青、傅抱石等组一画会，两周一叙，均在刘寓。随意挥毫，颇饶逸兴。还都之后，此为一乐。"

民国时期他是燕京大学、中央大学、朝阳大学（中国人民大学的前身之一）和贵州大学法学教授；1949年后，刘含章担任中央民族大学、北京大学法学教授，还担任司法部高级顾问。他一生贡献于中国司法，培养了很多司法人才。

关于刘崇佑、刘含章叔侄二人营救周恩来等学生代表一事，《现代快报》曾经在2013年8月19日作过如下的报道：

"从刘广桎老先生的口中，我们得知了当年周恩来被捕以及法庭辩护的很多鲜为人知的细节。1920年1月，因有奸商勾结日本浪人，殴打街头号召抵制日货的学生，激起社会公愤，天津的数千名学生奔赴直隶公署请愿。谁知，周恩来、郭隆真、于兰渚、张若名4位学生代表走进公署大门后即遭逮捕。为了营救4人出狱，当时的著名律师刘崇佑、大理院推事刘含章积极奔走、据理力争，用精彩的辩护词赢得了周恩来等人的当庭释放。""因为刘崇佑的精彩辩护和刘含章的暗地帮助，周恩来等人得以被当庭释放。此后，周恩来和刘崇佑交往颇多，而刘含章因为在大理院任职，不便经常来往，就只有打电话问候彼此。"

国民党定都南京后，刘含章奉命出任最高法院民事庭庭长，兼任中央大学和南京中央法官训练所教授。一家人搬迁到南京，一开始住在石鼓路。"当时，我才上小学二年级。后来，我们家在上海路184号盖了房子，盖好后不久，姑父李烈钧来南京任参谋总长。因为李公馆还没竣工，姑姑一家就住在了我家二楼。"抗战时期，刘含章任贵州高等法院院长。在刘广桎的记忆中，父亲为官清廉，家庭生活清贫："全家的鞋子都是母亲一针一线缝制的，我们的衣服补了又补，哥哥穿了再给弟弟穿。我读中学的时候，因为父亲的薪水太少，不能按时给我缴纳学费，还经常被学校催缴。""1948年，父亲为了抗拒国民政府任命的特别法庭[①]庭长一职，带着全家避居上海。因为一直是清官学者，没有积蓄，生活就成了问题，很快就病重不起。而我为了躲避随军撤退台湾，一直躲在福州，没能见到父亲最后一面，这成了我一生的遗憾。"

刘含章是许多民法书籍的作者，其专著《继承法》等由商务印书馆出版。

[①] 特种刑事法庭或简称特刑庭，是国民党政府专为打压共产党人、民主进步人士而设立的。

王铁崖：
国际法学界"长青树"

王铁崖（1913－2003），教授、博士生导师，杰出的国际法学家、教育家、社会活动家。原名庆纯，号石蒂，福建闽县（今福州市区）人，陈岱孙（福州人）的学生。

祖父王羹梅，清道光举人，官至广东知府；父亲王寿昌，曾与林纾合译《巴黎茶花女遗事》；侄儿王文兴，博士、教授，台湾著名作家。

王铁崖的家庭条件优越，幼时早早就接受传统国学教育，还入教会学校学习洋文与西学，中英文功底都很深厚。王铁崖曾经说过，他最早对国际法产生兴趣，是父亲的法律学历、留学及外交工作经历所引起的。他先后就读于复旦大学、清华大学，获国际法学硕士学位，后留学英国伦敦政治经济学院继续研究国际法。

归国后，王铁崖曾在武汉大学、国立中央大学（今南京大学）、北京大学、中国政法大学、外交学院、南开大学任法学教授，还担任中国社会科学院法学所研究员、北京大学国际法研究所所长。他长期从事国际法和国际关系的研究，担任中国国际法学会会长，是国际法研究院第一个中国籍院士、世界艺术与科学院院士。王铁崖国际法生涯72载，为和平与正义奉献一生。

　　他70岁时加入中国共产党，同年当选为全国政协委员；80岁时出任海牙国际仲裁法庭仲裁员；84岁时担任联合国前南国际刑事法庭大法官。加拿大多伦多大学罗纳德·麦克唐纳教授为祝贺他的80寿辰，发起并编辑了一本由59位来自二十几个国家的著名国际法学家（其中包括国际法院的院长和法官、国际法研究院的院士、世界著名的国际法学者）撰写的纪念论文集。王铁崖把此事引为自己最大的光荣。麦克唐纳教授的评价是："王铁崖先生一生致力于国际法的教学和研究，胸怀跨越文化和国界的国际主义情操，为和平和正义而努力，为全人类的利益而奋斗。他具有中国人典型的生活热情、乐观的生活态度和浓郁的幽默感。人们将永远铭记这位平和的学者和他一生为国际法事业所作出的杰出贡献。"

　　王铁崖著作等身，学术带头，其译著《奥本海国际法》《1914－1918年的第一次世界大战》等在商务印书馆出版。他主编的《国际法》教科书曾获全国文科教材一等奖，《国际法引论》获吴玉章奖特等奖。

林惠祥：
热衷冒险的人类学家

　　林惠祥（1901－1958），中共党员、教授，著名的中国人类学家、考古学家、民俗学家和民间文艺理论家。又名圣麟、石仁、淡墨，祖籍福建晋江，归国华侨，少年时在福州求学，家住福州仓山。

　　林惠祥自幼随父在台湾生活，宣统元年（1909）回故乡读书。1912年，他考入位于福州外国领事馆区仓前山对湖的福州东瀛学堂学习，成绩始终名列前茅。在福州学习、生活了8年之后，他随父返回台湾，接着又移居菲律宾。1921年林惠祥考取厦门大学文科社会学系，成为该校招收的第一批学生之一。1926年厦门大学毕业后，他进入菲律宾大学研究院学习人类学，获人类学硕士学位。

　　1929年他到中央研究院从事研究工作，1931年任厦门大学历史社会学系主任、教授。他长期从事东南亚和中国东南地区考古发掘和民族调查研究，发现了武平、龙岩、长汀、闽侯等地的新石器，是国内对台湾地区高山族最早进行调查研究的学者。1929年（受时任中央研究院院长蔡元培之托）和1935年，他两次冒险只身深入日本侵占下的台湾，进行高山族（当时称番族）民族学和考古学的野外调查工作，获得圆山新石器和高山族文物，成为国内系统调查和研究台湾高山族的第一人。

1934年，为普及人类学知识，他运用自己的考古成果和民族文物，创办（私立）人类博物馆筹备处。抗战全面爆发后，林惠祥携考古文物和图文资料避居南洋，在极其艰苦的环境下坚持学术研究。1947年夏，他重返厦门大学任教，担任历史系教授。任教期间，因积极支持进步学生运动，反对内战，传播进步刊物，曾遭国民党当局拘捕入狱。

中华人民共和国建立后，他继续担任厦门大学历史系主任。1952年，林惠祥将毕生历尽千辛万苦收藏的数千件人类学珍贵标本文物和图书文献等全部捐给国家，发出倡议并主持建立了厦门大学人类学博物馆。该馆展品侧重于展示中国东南区域文化和东南亚地区文化，其中中国东南区域新石器时代的遗物反映了台湾与祖国大陆古文化的渊源关系。博物馆于1953年正式对外开放，林惠祥自然而然地成为人类博物馆的第一任馆长。

林惠祥生活非常俭朴，所有收入全都用于文物、标本、史料等方面。后人评价说："陈嘉庚倾资办学，林惠祥倾资办馆，均为时人所敬仰。"目前，厦门大学人类博物馆是联合国教科文组织认定的著名博物馆，也是中国大陆唯一的一所人类学专科博物馆。

他的学生遍布海内外，其中不少人成为教授、专家。他一生留下专著18种，论文数十篇。他的《文化人类学》一书确立了中国人类学体系。1934年该书由商务印书馆出版，列为"大学丛书"之一。林惠祥的另一部力作《中国民俗史》也是由商务印书馆特约出版，列入"中国文化史丛书"。

卓定谋：
实用章草书领军人

卓定谋（1886－1965），教授、书法家，尤长章草书法。字君庸，福建侯官（今福州市区）人。

其父卓孝复，号巴园老人，与林纾、陈衍等人为同科举人，历官杭州知府、岳常澧道道台；儿子卓宜来，民国时期北大经济学教授；孙女卓以玉，建筑学学士、艺术史硕士、多元文化教育学博士，教授，美籍华裔艺术家，曾红遍海内外的歌曲《天天天蓝》的词作者，美国国家文化艺术委员会的首位亚裔女性委员，也是继贝聿铭之后的第二位华人委员；卓以玉的弟弟卓以和，"分子束外延之父"，美国国家科学院、工程院院士，中国科学院外籍院士；侄儿卓还来，抗战胜利前夕殉国的外交官。他还是江畲经妻子卓氏的堂弟。

他毕业于日本高等商业学校，归国后曾任大宛农工银行监察、全国农商银行讲习所教务长、中国实业银行经理、北京大学教授，还发起创办京津会计师公会，担任干事长。卓定谋其人其事记载很少，仅据《卓定谋先生传略》可知，他1934年任北京研究院字体研究会常务委员，曾在北京大学讲授书法，在1946年当选为"制宪国民大会"代表，1947年被聘为宪政实施促进委员会委员。1949年去台湾。1954年递补为第一届"国民大会"代表，1965年去世。

位于北平京西的"自青榭"，是1924年卓定谋为其归隐林下的父亲卓孝复所修建的园林别业（卓孝复邸宅在北京王驸马胡同）。卓定谋曾有描述："甲子夏，余于裂帛湖西坡营小筑，颜曰'自青榭'。坡邻玉泉山麓，因泉为池，审坡置亭，广植树木，苍苍然，四时之景，百变而常。新都人士之郊游者，恒过此而涉足焉。"卓孝复、卓定谋在此发起编辑《自青榭雅集》，同时为民初文人吟诗作赋、舒展才情和胸襟提供了一个好去处。卓氏父子扮演了旧京文化传播者的角色。之后刊行的《自青榭酬唱集》收录了59位名士的诗文，其中福建籍（其中仅江瀚为福建长汀人，余皆福建福州人）名士约占一半。他们包括陈宝琛、陈衍、李宣龚、李宣倜、江翰经、郑孝胥、郑孝柽、高向瀛、江瀚、李宣璋、李景堃、林开暮、林志钧、林葆恒、施景琛、陈懋鼎、陈承修、陈宗蕃、黄懋谦、周登皞、薛肇基、郭则沄等，有4人先后任职于商务印书馆。

卓定谋是林徽因的三姑父，与林徽因关系尤融洽，是林徽因与梁思成婚事的议婚人。1927年，梁启超在病中两次致函卓定谋，请他出面与远在福州的林氏族人商议林徽因与其子梁思成的婚事细节。林徽因去过自青榭多次，曾写道："我的姑丈卓君庸的'自青榭'倒也不错，并且他是极欢迎人家借住的，如果愿意，很可以去接洽一下。去年刘子楷太太借住几星期，客人主人都高兴一场的。自青榭在玉泉山对门，虽是平地，却也别饶风趣，有池、有柳、有荷花鲜藕，有小山坡、有田陌，即是游卧佛寺、碧云寺、香山，骑驴洋车皆极方便。"（林徽因致胡适的信）

卓定谋和林志钧（福州人）是提倡章草为简化字方案的主要拥护者，实用章草书的领军人物。卓定谋的书法风格端庄古拙，以《月仪》《急就章》等刻帖为宗，著有《自青榭唱酬集》《卓君庸章草墨本》《章草草诀歌》《补订急就章偏旁款》等。他提倡学习书法者都要学习章草，于1930年印行的《章草考》九章，对学术界产生了极大的影响。《章草考》被誉为"研究书体史的杰构"。钱玄同在《章草考》序中赞："见解尤其超卓。"林志钧序云："自有章草以来，千九百余年，始觏此作。"卓定谋到台湾后仍致力于章草的传播和实践。据说时任"行政院长"的蒋经国每周都亲自上其住所（台北临沂街）学习书法。卓定谋晚年皈依基督教，常书写新旧约语录赠送教友，家人多投身实业。

发生在卓定谋身上的趣闻还有一则。在20世纪20年代，卓定谋曾与另一章草书家王世镗争论《章草草诀歌》真伪，引发了"一段离奇章草案"（于右任为王世镗辩诬之句）事件。王世镗（1868－1933），祖籍天

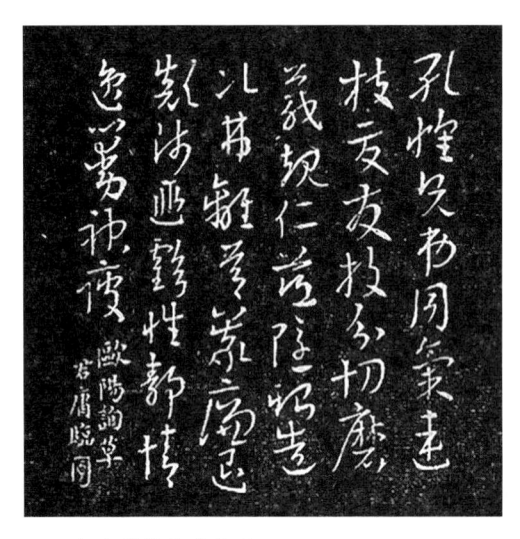

卓定谋的章草书法

津，以章草名世，深为于右任所赏识。"章草案"意指卓定谋所藏"无名氏"《章草草诀歌》乃为王世镗《增改草诀歌》之割补品。然而，卓定谋坚持《章草草诀歌》乃明人所作观点。支持卓定谋的有罗惇暧、林志钧、余绍宋、周肇祥等著名学者。余绍宋《跋〈章草草诀歌〉》，为其跋卓定谋藏"无名氏"《章草草诀歌》影印本。余绍宋判定此帖为旧物，驳出自王世镗手之说，并对王世镗有所微词，云："颇疑王（世镗）氏藏有旧拓，知其鲜传，故取以为蓝本，图补小注，并及近世人以证其为己作耳"。

有人认为，"其实，余绍宋等所看到的卓定谋所藏帖，与王世镗最初所刻《增改草诀歌（并书）》是否'本来为一物'，此不得知便无从判定。然观余绍宋此跋之章草，亦爽劲可喜。卓定谋与王世镗有关章草的那段公案，亦见旧时文人间的学术真诚，于今权当一则有趣的轶事而已。后来研究者认为，王世镗章草之冤，盖因刻本不同所致，有1914年初刻，也有1917年补刻。补刻本流入卓定谋处，疑为明人所作。有两个刻本，则是昭示冤案关键之所在。"[①]

卓定谋编译的《英华习语辞典》《商业算术》（与吴宗焘合作）《商业地理》由商务印书馆出版。

①李滨：《补订急就章偏旁歌》，北京琉璃厂翰茂斋，1930。

萨 端：
爱国主义的革命者

萨端（生卒年不详），翻译家、革命者，同盟会会员。原名郑萨端，字均坡，福建闽侯人。

他早年就读于上海东文学社，师从罗振玉，与王国维、樊炳清等为同学。后来他与吴尔昌、胡浚康等几位同学，还参与了罗振玉等人创办的上海农学会《农学丛书》的翻译。1900年东文学社因"庚子之变"停办，王国维、萨端等提前肄业。肄业后，萨端东渡日本留学，毕业于早稻田大学。在日本留学期间，萨端积极参加留学生的爱国集体政治行动，是"清国留学生会馆"的发起者之一。该会成员有范源廉、曹汝霖、蔡锷、章宗祥等，都是留学生的领袖。清国留学生会馆于1902年建成，取代了之前所谓的留学生"励志会"组织。

1903年春，萨端、何枚士等人在上海三山会馆发起成立旅沪福建学生会。学生会对外宗旨是挽回福建权利，实际上主张反清革命。旅沪福建学生会来往信函均不用光绪年号，只书黄帝纪年。该会后以林森（担任会长）、林述庆、毛仲芳等为核心人物，积极组织和开展反清的革命活动。该会加强与上海的革命党人、爱国志士的联系，同时广泛联络福建的会党、学生,推动了福州地区革命组织的发展。"旅沪福建学生会派陈天尺回闽,与支会职员林为桢、庄翊楚等在福州上杭街闹市处建郡会馆设立'福州阅报社',使与上海的总会相呼应。'凡有宣传革命主义之书报,皆寄由该社秘密散布。社员每星期轮值演讲时事,藉以唤醒国人,为当头之棒喝'。"[①] 1905年,孙中山在日本成立了同盟会。旅沪福建学生会遭清廷强令解散后,林森带领"旅沪福建学生会"一起加入了同盟会。

萨端的主要译著包括:《西洋史要》(原著:小川银次郎,与樊炳清合译)《地理学讲义》《农学丛书:草木移植心得》《农学丛书:畜疫治法》《社会进化论》(原著:贺长雄)等,其中《社会进化论》一书由商务印书馆出版发行。

---

①福州市博物馆:《旅沪福建学生会:力争权利,唤醒国人》。

林觉民：
誓为天下人谋永福

　　林觉民（1887—1911），中国民主革命的先驱，"黄花岗七十二烈士"之一。字意洞，号抖飞，福建闽县（今福州市区）人。嗣父林孝颖，民国时期担任福建公立第一图书馆（福建省图书馆前身）馆长。

　　他自幼由嗣父（也是他的叔父）教读，无意获取功名。参加科考时，林觉民在试卷上书"少年不望万户侯"七个大字而扬长而去。他先在福州蒙学堂读书，1902年入全闽大学堂（今福州第一中学的前身）学习。曾任蒙学堂国文教习的陈遵统（商务印书馆作者），对林觉民有过这样的评语："独雄于文""在校为文，洋洋洒洒，下笔千言，后来渐加凝练，由长而短，又由短而长，四年之间，境界凡三四变，而一过一次大成"。1905年12月，林觉民在商务印书馆的《东方杂志》上发表了《论立宪与教育之关系》，可见其此时的政治主张还是比较温和的。林觉民后自办私学，介绍西方的社会制度和男女平等情况，宣传社会进步的道理。

　　1907年林觉民东渡日本留学，次年入庆应大学主攻哲学，兼习英语和德语，不久后加入中国同盟会并成为骨干。庆应大学是日本第一所私立大学，其创办人日本著名思想家福泽谕吉就是林觉民的偶像。在日本期间，林觉民和林文、林尹民及黄兴等在东京小石川区租屋同居。他结识了许多革命志士，思想转变很大，很快地就从一个改良主义者，变成了一个坚定的革命者。当时林觉民与在日本宣扬君主立宪的康有为、梁启超针锋相对。他写了《驳康有为物质救国论》和翻译英国小说《莫那国之犯人》，还翻译了一部《六国宪法论》，在留学生中产生了很高的声望。《六国宪法论》在当时产生的影响亦很大。

  1911年，林觉民回国参加广州起义，起义失败负伤被俘后英勇就义，年仅24岁。1918年，对黄花岗烈士怀有特殊感情的辛亥革命元勋林森（福州闽侯人，国民政府主席，代表国民政府对日宣战；时任参议院院长兼宪法会议议长），为了扩大对烈士事迹的宣传，向全社会公开征集黄花岗烈士的简历与事迹。直至1924年春，林森才收到了林觉民的养父托人寄来的两封遗书。读罢其中的《与妻书》，林森深感痛心疾首，决定"谨将原书摹印广布，俾烈士精神长现人间，期振励国人"。他精心安排在全国报纸重点宣传林觉民留与妻子的绝笔信《与妻书》。《与妻书》一经公开，感天动地，令人肃然起敬。这封"不负苍生独负她"的20世纪最伟大的情书，成为影响中国历史的十篇政治美文之一。

  林觉民的遗作《各国近时政况》一书由商务印书馆出版发行。

林 旭：
报国难酬　遗稿千秋

　　林旭（1875－1898），解元出身，"同光体"闽派诗人，清末维新派人士，"戊戌六君子"之一。字暾谷，号晚翠，福建侯官（今福州市区）人。他是民族英雄林则徐的曾外孙女婿、船政大臣沈葆桢之孙女婿、贵州巡抚沈瑜庆的女婿、李宣龚的表妹夫。林旭祖父林福祚，字畴九，举人出身，曾任安徽东流县知县；父亲林际平与沈瑜庆为好友。

　　1894年，林旭夫妇随沈瑜庆入两江总督张之洞幕府。1895年春，清廷在甲午战争中战败，被迫签订丧权辱国的《马关条约》。5月，林旭在京与同时参加会试的举人"发愤上书，请拒和议"，反对割让辽东和台湾。1896年春，受张之洞委派，沈瑜庆赴任正阳关盐署，林旭夫妇随同（陈衍的长兄陈书和李宣龚当时也来到正阳关）。"在正阳关，李宣龚与林旭朝夕相处，情同手足，南塘南堤，偕游买醉，尽兴而返。"1897年，林旭入张元济等在北京创办的"通艺学堂"学习，为张元济的学生。林旭开始投身救亡图存、振兴中华的维新变法运动。1898年初，林旭、张铁君等在北京福建会馆发起成立闽学会，以期振励旅京福建籍同乡士气，互通信息，探究变法，林旭为"倡始董事"。三个月后，闽学会扩大并加入保国会。

1898年6月，荣禄到天津担任直隶总督，招林旭为幕客。据《清史稿》："荣禄先为福州将军，雅好闽士，及至天津，延旭入幕。"坊间有传说，是沈瑜庆将林旭荐入新任直隶总督荣禄幕府的。瓜尔佳·荣禄，满州正白旗人，小时随父到福州，讲一口地道的福州话。先插一言，荣禄本该好好栽培这位半个老乡的林旭，但皇上却让林旭在军机章京上行走。最后，作为慈禧宠臣的他，只能奉命捉拿了林旭。同年8月下旬，林旭仍在天津荣禄幕府。据两广总督谭钟麟之子谭延闿记述："余于戊戌七月初四日（即1898年8月20日）过天津，与林暾谷饮酒楼，闻隔座叹息声曰：'有君无臣，奈何！'窥之，复生也。亟呼入，与暾谷不相识，余为之介。"[①] "复生"即谭嗣同，此前林旭与谭不相识，此为首次见面。林旭巧遇谭嗣同，两人当日把盏天津酒楼。谁都料想不到的是，一个月后这两位热血青年竟双双蒙难。

曾经主持1893年福建恩科乡试，以"文章议识明通"而选拔林旭为第一名举人的翰林学士王锡蕃，时以"才识明敏，能详究古今，以求致用，于西国政治之学，讨论最精，尤熟于交涉、商务，英年卓荦，其才具实属超群"的理由，将林旭推荐给光绪皇帝，参预新政事务。他与谭嗣同等4人被授予四品卿衔在军机章京上行走。林旭才学超群，变法言事最多，深得皇帝的信任。慈禧戊戌政变后，林旭被杀害于北京宣武门外菜市口，年仅23岁。王锡蕃也因"保林旭适以增长逆焰，助成奸谋"，被禁在府中。后经李鸿章电请宽待，才幸免于难。王后来与李岳瑞、张元济同遭革职"永不叙用"的处分。

林旭是"戊戌六君子"中最年轻的一位。因此，他身上最能表现出在风雨飘摇、社会凋敝的清末年代，年轻知识分子为国家民族强盛勇于探索、为救亡图存呼唤国民忧患和改革变法勇于献身的时代精神。

林旭遇害后，他的夫人沈鹊应悲愤难抑，词悼："报国志难酬，碧血谁收，箧中遗稿自千秋。"林旭遗稿《晚翠轩集》由李宣龚亲自整理，于1905年在商务印书馆出版发行。1918年《戊戌六君子遗集》由商务印书馆合集刊行。

---

①谭延闿：《谭嗣同致龙黄书跋》。

曾宗巩：
被忽略的大翻译家

曾宗巩（1872—1938），诗人，收藏家、翻译家。字幼固，福建长乐（今福州市区）人，出身于海军世家，严复的学生。

1892年，他以第一名的成绩毕业于天津北洋水师学堂驾驶第四届，后入北洋水师任"扬威"舰千总，参加过中日甲午海战。民国时期曾宗巩历任海军部上校科长、福州海军制造学校校长（第三任）、海军部司长、烟台海军学校校长（少将军衔）等职，享有"海军第一诗人""海军第一藏书家"之誉。

他还是中国近代海军最出色的翻译家，但却少有人知，是被忽略的翻译大家。从甲午战后到1911年重返海军部之前这个阶段，曾宗巩曾应老师严复之邀，到京师大学堂译书局、学部编译图书局工作，翻译自英国的化学课本《质学课本》五卷。严复在亲自拟定的《京师大学堂译书局章程》中确定的编译宗旨为："一为开通民智，不主故常；二为敦崇朴学，以救贫弱；三为借鉴他山，力求进步；四为正名定义，以杜杂庞。"这对曾宗巩的翻译工作影响很大。在这个时期，他与林纾合作译著多部，是最早把《鲁滨逊漂流记》介绍到国内的人。1909年，编译图书局为了审定统一数学、心理学、植物学等学科的名词，编订各种中外名词对照表及各种辞典，又内设了编订名词馆，严复担任总纂。据1909年11月11日《申报》报道，"分纂人员闻已调刘大猷、王国维、王用舟、周述咸、曾宗巩诸人"，曾宗巩因此与学者王国维有了一段同事的经历。曾宗巩晚年在南京参加海军部编译处工作，译有《二十年海上历险记》《世界航海家与探险家》《英美海军将官南北极探险小史》等。之后，他应侄子曾国晟（时任江南造船所监造官，1947年任海军总司令部第六署少将署长）之邀寓居上海。

  商务印书馆出版的曾宗巩译作有：《纳尔逊》《英孝子火山报杂录》；出版的林纾、曾宗巩合译著作有：《海外轩渠录》《美洲童子万里寻亲记》《鬼山狼侠传》《斐洲烟水愁城录》《鲁滨逊漂流记》《洪罕女郎传》《蛮荒志异》《雾中人》《金风铁雨录》等。

严 群：
柏拉图学说译介人

严群（1907—1985），教授，哲学家、翻译家。又名以群，字孟群，后字不党，别号一指、淳斋主人，福建侯官（今福州市区）人，严复的从孙。

严群学识渊博，精鉴赏，喜收藏。他自号"不党"，取"君子群而不党"之意，其一生也始终过着远离政治的书斋生活。他的祖父严传安（号观澜），曾先后任职于南洋水师和北洋水师；父亲严家驹，教授，与胡适同为首届庚款留美生，毕业于伊利诺伊大学和哈佛大学。严群在燕京大学教书时，还是吴小如的老师。书法大家吴玉如是吴小如的父亲，与严群十分交好。吴小如为商务印书馆出版的《严群文集》作序时，记载严氏生平甚详。

1927年福州英华中学毕业后，严群考入福建协和大学哲学专业，后入北平燕京大学攻读哲学硕士学位。1934年，他获硕士学位后赴美国哥伦比亚大学研究院继续留学深造，四年后又转入耶鲁大学研究院古典语文系，学习梵文、希腊文、拉丁文、希伯来文、意大利文、马来文、泰文等多种语言。1939年归国后严群曾任燕京大学副教授、教授兼哲学系主任，后为私立北平中国大学、浙江大学等高校教授，以研究古希腊哲学而著称，著作颇丰。

1952年后，他历任浙江师范学院教授、杭州大学教授兼古希腊哲学研究室主任，中国社会科学院哲学研究所特约研究员，浙江省哲学会副会长。"由于他在古希腊哲学和语言学方面的双重造诣，他对西方哲学在中国的传播起了重大作用。他是一位卓越的翻译家。他的翻译不是简单的转换文本而是深入哲学思考后的语言转换。他不是泛泛介绍希腊哲学而是述中有评。他的译著强调广阔的文化背景，长于纵横比较。作为中国现代不可多得的哲学家和翻译家，他为中国人了解西方的哲学思想铺平了道路，为中国的古希腊哲学研究作出了巨大的贡献。"（摘自：《哲学百科》）

其译著《柏拉图学说》、论著《亚里士多德之伦理思想》《分析的批评的希腊哲学史》由商务印书馆出版发行；《泰阿泰德·智术大师》等译著收录商务印书馆的汉译世界名著丛书。

沈觐寅：
化学译名的探索者

沈觐寅（生卒年不详），福建侯官（今福州市区）人。清末船政一品大臣沈葆桢的曾孙，商务印书馆福州分馆经理沈觐宜的二哥。

沈觐寅曾经留学法国，主攻化学专业。1918年1月，沈觐寅、王祖榘、李书华等法国留学生成立了"中国化学研究会"，对当时困扰我国的有机化学名词的译法组织力量进行集中研究。我国大多数团体和学会组织是在1920年之后成立的，因此该研究会是中国民间学术团体和学会创立较早的极少数者，其他如中国地学会（1910年创立）、中国科学社（1915年在美国创立，1918年迁回国内）。1922年该研究会拟定的《有机化学译名（草案）》对外公布并征求学术界的意见，为统一中国的化学译名积极作为，沈觐寅在其中发挥了很大的作用。

沈觐寅还是中华学艺社的成员，是郑贞文的好友。标志着中华学艺社积极参与学术交流活动、派员参加国内外学术会议之始，就是1923年10月郑贞文、沈觐寅共同出席上海商会商品陈列所举行的化学工艺品展览会和研究会。他们俩还被推选为筹备主任。

沈觐寅编撰的《农艺化学》一书，1931年在商务印书馆出版发行。

梁敬錞：
对话罗素的中国人

梁敬錞（1893—1984），北京大学教授，著名的法学家和历史学家。字和钧，福建闽县（今福州市区）人，故居在福州仓山三江口的梁厝。

他的父亲梁孝熊，清末举人，曾担任江苏海门直隶厅同知，创办海门民立师范学校（现为南通师范高等专科学校）；儿子梁守槃，美国麻省理工学院航空工程硕士，中国导弹与航天技术重要开拓者之一，中国科学院学部委员（院士）；外甥林庚，现代诗人、文学史家、北京大学教授；外甥林几，柏林大学医学博士，中国现代法医学创始人。

他毕业于北京大学获法学学士，后留学英国伦敦大学获经济学硕士。民国期间曾供职于司法部、最高法院，担任过安徽、宁夏和甘肃省财政厅厅长，抗战时任驻美战时物资供应委员会秘书长。梁敬錞去台后致力于史学，曾任"中央研究院"中国近代史研究所所长等职。他曾应聘为美国哥伦比亚大学客座教授、纽约圣若望大学研究教授。梁敬錞对中国近现代史研究卓有成就，具有一定的国际影响。1980年，为表彰他在学术上的贡献，圣若望大学校长亲自为他颁发荣誉奖章，盛赞他为"卓越的学者、作家、法官与教授"。

当年任教于北大的梁敬錞，曾经做过两件引以为豪的事。其一，1919年参与了五四运动"导火索"的传递。林长民交与《晨报》紧急发表的有关巴黎和会的文章，就是由他负责转手送达的。林长民慷慨激昂的文字点燃了众多爱国之士的心中火焰，轰轰烈烈的五四运动应运而生。梁敬錞后来回忆："4月25日，国民外交协会接到梁任公巴黎来电，报告德国在山东的权益将由日本继承，希望同人警告政府国民，勿签对德和约。5月1日傍晚，林长民先生交来一条新闻，托我便道送到《晨报》馆发表。我晚上9时左右，走进了丞相胡同《晨报》馆，找到了陈博生总编辑，请他将这条新闻，明早见报。"[1] 其二，1920年成为与罗素学术对话的首位中国人。当年由商务印书馆资助、北京大学邀请的英国哲学家罗素来华讲学活动，梁敬錞全程相陪而行，并负责翻译工作。尤其是在一个半月的海上行程中，他与罗素畅谈制度与文化。

梁敬錞的主要著作有：《欧战全史》《辛亥革命》《九一八事变史述》《中美关系论文集》《开罗会议》等。其在商务印书馆发行的法权辨析之作《在华领事裁判权论》，是呼吁国人维护主权的应时力作。梁敬錞著《史迪威事件》一书于1973年在商务印书馆出版。

---

[1] 董立功：《五四运动与闽人振臂一呼》，《福建日报》，2019年4月29日。

龚钺：
外交维权　法学大家

龚钺（1902—1997），教授、律师，中国国际法学家。字骏礼，福建闽县（今福州市区）人。

龚家为官宦世家，远祖龚茂良官至南宋首参代行宰相；祖父龚易图，进士出身，曾任山东济南知府（任上曾协助巡抚丁宝桢擒拿擅出宫禁的太监安德海，并将其就地正法）、江苏按察使、湖南布政使；父亲龚晋义，曾在江苏苏州为官。

他"幼而敏慧，家学渊源，聪俊拔萃"。上海圣约翰大学（与邹韬奋同班）毕业后，龚钺赴法国留学，获巴黎格勒诺布尔大学法学博士学位。曾任西班牙、法国外交官员，足迹遍及西欧各国。归国后被聘为天津育德大学教授、上海法学院院长兼教授。抗战胜利后，龚钺出任中国派驻日本代表团专门委员兼法律处处长，负责中国管制日本期间法律事务的处理，以及负责协调和盟军总司令部及其他同盟国的关系。他数十年为国事外交竭其才智，后为江苏省法学会副会长。

龚钺出使西班牙和法国时，以自己的语言优势和专业之长，大力宣传中国反日战争的正义性，为中国争取了很多国际支持。战后驻日期间，因中国驻日代表团某雇员宿舍遭到美国宪兵闯入搜查这一外交侵权行为，龚钺代表中方依据国际法向盟总交涉、抗议。龚钺最终迫使美方承认错误并保证今后不再发生类似事件，维护了国家的尊严。

  他一生著作不少，其著述的《欧美各国现行宪法析要》《比较法学概要》等由商务印书馆出版，其翻译的《蒙古帝国史》被收录在商务印书馆的汉译世界学术名著丛书系列中。龚钺的祖父龚易图是藏书家，收藏的图书达数万册。20世纪50年代初，龚钺将所有藏书全部献给福建省图书馆。

柯凌汉:
民法学界耆宿元老

柯凌汉（1896—1985），教授、律师，著名法学家；中华民国最高法院庭长、私立福建学院院长。字梅初，福建长乐（今福州市区）人，居福州三坊七巷文儒坊大光里。

他早年毕业于私立福建法政专门学校，因成绩优秀由学校资助赴日本早稻田大学留学深造，注重民法学。归国后，柯凌汉经过考录进入司法界工作，曾任最高法院检察官、首席检察官、推事、庭长等职。后回教育界，历任私立福建学院（原私立福建法政专门学校、福建大学）院长、教授。1951年夏，福建学院解散，法律系并入厦门大学，柯凌汉任厦门大学教授兼法律系主任。他学识渊博，讲课认真，条理清楚，博得学生的敬仰。他前后在大学主讲法学25年，是最早研究物权法的学者之一。1982年福建省法学会成立，他被推举为名誉会长。他是省政协委员，还担任民革福建省委顾问、福建省律师协会顾问等职务。

柯凌汉于1932年所著的《中华债法论纲》，由私立福建学院讲义处发行，1934年3月上海商务印书馆再版。据北京国家图书馆藏书目录提要记载：全书二册，计458页，25开本。"对国民政府1929年11月22日公布，1930年5月5日施行的民法债编进行系统研究。共分14章。对债的意义、发生原因、标的、与其他权利的区别，以及各种之债，包括因契约、有价证券、无因管理、不当得利、保全行为等所发生之债。书中征引中外法例、判例和学说。"1935年6月，上海商务印书馆又出版他的《中华物权法论纲》，为25开本，271页。北京国家图书馆藏书目录提要介绍："据著者在厦门大学、福建学院教授物权法的讲义增订而成。系统研究国民政府民法物权编。除述己见，还征引学说及历来关于物权法的解释例、判例等，并足资考证。本书与著者的《中华债法论纲》体例同。后附民法物权编立法原则等。"1935年10月应商务印书馆"法律实用丛书"之请，又出版柯凌汉《民法物权》。该书两年间重版五次，数量居该丛书发行之首，为当时国内出版的法学书籍所罕见。由此可见，柯凌汉教授在民法物权方面建树较早，他的专著成为当时中国法学界的权威之作。

李景禧：
法学前辈　民法专家

李景禧（1911－1995），教授、法学家。笔名太弗，福建闽侯（福州闽侯县尚干镇）人。

1926年，毕业于位于马尾的福州海军艺术学校。1933年，毕业于北平私立北京朝阳学院法律系，获法学学士学位。1934年，赴日入东北帝国大学法学部攻读法学硕士学位（考取该大学时，得到乡贤、时任国民政府主席林森的奖励）。1935年，加入中华法学会。抗战爆发后回国，历任中山文化教育馆副研究员、重庆《星渝日报》主笔、私立朝阳学院法学教授，成都中央军校上校衔法律学教官、金陵大学教授兼法律系主任、中华民国最高法院推事、私立福建学院教授兼法律系主任、厦门大学法律系和经济系教授。1947年，担任《法律评论》主编。1950年，加入中国国民党革命委员会和中国民主同盟。后任厦门大学教授兼国家与法权基础教研组主任、民法教研组组长。20世纪70年代后期，他为厦门大学法律系的复办，尤其是培养中青年教师和民商法专业硕士点的建设，贡献很大。

李景禧教授是我国法学界的老前辈，知名的民法学者。他与柯凌汉是福建学院同一时期任职的法学教授。在当时，以他们为代表的福建学院教师团队，潜心于民法研究，为中国民主法制理论的发展与完善作出极大的贡献。因潜心研究民法，成就突出，他俩被公认为现代中国法学界中的耆宿元老。他还是第六、七、八届全国人大代表，民革中央委员。

著有《卖淫制度在法律上的矛盾》《寡妇带产出嫁与继承法》《法学通论》《封锁海岸与对策》《抗战必胜论》《近代法的姓名权》《法史学的重要性》《近代法的成年制度》《台湾民商事法研究》（与林光祖合著）等，主编《台湾亲属法和继承法》。其中《法学通论》（与刘子松合编）1934年在商务印书馆出版。

高君箴：
相夫教子　童话人生

高君箴（1901－1985），字蕴华，祖籍福建长乐（今福州市区），生于湖北汉口。高梦旦的幼女，郑振铎夫人。她家学渊薮，耕读传人，为一代女才子。儿子郑尔康，曾任人民文学出版社编审；女儿郑小箴，我国著名摄影记者，原出版总署副署长、中国民盟副主席萨空了之妻。

1922年，高君箴毕业于上海神州女子学校国文科，是该校的高才生，精通诗词与英文翻译。是年冬季开始，高君箴在商务印书馆《儿童世界》杂志上先后发表《怪戒指》《缝针》《天真的水珊》等译作，很快就成为我国第一个新文学团体"文学研究会"会员。

高君箴与郑振铎是在上海神州女子学校相识的。1922年初，郑振铎入职商务印书馆，负责创设并主编《儿童世界》杂志。当时他的祖母、母亲也跟随到上海安家。好友谢六逸为了帮助郑振铎增加一份养家的收入，硬是把他拉去神州女校（张默君创办，商务印书馆有出资）兼课。从此，这对师生因为共同的文学爱好，以及办杂志、写文章的频频心得交流，最终走到了一起。

1923年10月在上海结婚后，高君箴凭借自己的学识与能力，成为丈夫郑振铎的得力帮手。翌年12月，叶圣陶作序、高君箴和郑振铎合译的童话集《天鹅》，由商务印书馆出版。从此他们夫唱妇随，在学习、创作和工作上互相帮助，童话也伴随她的一生。郑振铎撰写《中国文学者生卒考》《文学大纲》和《插图本中国文学史》等论著时，大量资料的查找、整理工作都是由高君箴协助完成的。1949年后，高君箴先后在国家文物局、文物出版社工作。1958年10月郑振铎殉职后，她秉承他的遗志，代表家属将郑振铎一生收藏的近10万册书籍及珍贵的字画、文物、手稿等全部捐献给国家。之后，高君箴在中国科学院文学研究所从事儿童文学资料整理工作，直到退休。

郑天挺：
北大舵手　南开巨擘

郑天挺（1899—1981），中国近代历史学家、明清史专家、教育家。原名庆甡，字毅生，福建长乐（今福州市区）人，生于北京。

在北京大学读书期间，他积极参加五四运动。1920年2月28日，郑天挺和郑振铎等人发起组织福州旅京学生暑假回闽社会服务团，致力于宣传新文化运动。1920年毕业后，他曾参与厦门大学的筹建与教学工作。1922年郑天挺又考入北京大学，为文科研究所国学门进修研究生，后任教于北京大学、浙江大学。1933年出任北京大学秘书长，主政的第一件事是主持修建老北大的"三大建筑"——图书馆、地质馆及灰楼学生宿舍。他每天都亲临工地监督施工，现场解决问题，事务异常繁忙。北大的"三大建筑"是当时了不起的高级工程。图书馆参照美国国会图书馆的模式，庄重典雅，质朴明快，施工要求极为严格。图书馆建成后，其建筑之质量，图书之收藏，在当时北平各大院校中堪称一流。

抗战时期郑天挺任西南联合大学教授、总务长（兼任北京大学秘书长）；抗战胜利后继续担任北京大学秘书长、史学系教授主任，为北大的复校工作竭尽全力。郑天挺的无私奉献精神感动了大家，北大学生集体送锦旗赞誉其为"北大舵手"。1949年他担任北大校务委员会委员，后调南开大学。此后历任南开大学副校长、中国史学会主席团执行主席、国务院学位委员会历史组负责人、天津市政协副主席和第三、五届全国人大代表。

郑天挺毕生从事中国古代史等学科的教学与研究，主要研究方向为明清史，其他方面亦多有成就，著述颇丰，人称史学大家。他研究史学大题小做的"探微法"贯穿在他的教学与论著中，给人以小见大、见微知著之感。其专著《清史探微》由商务印书馆出版，为"中华现代学术名著丛书"所推荐的50本历史学经典名著之一。

曾仰丰：
中国近代盐务专家

曾仰丰（1886—1978），字景南，福建侯官（今福州市区）人。

清宣统三年（1911），他毕业于天津北洋学堂土木工程专业。民国五年（1916），曾仰丰留学美国伊利诺伊大学，仍攻土木工程。毕业归国后，他长期从事盐务管理工作，为中国工程师学会会员。1927年起，曾仰丰历任川南盐务稽核所经理、川康盐务管理局局长、福建盐务局副局长；1949年到台湾后担任盐务总局局长。

1936年应商务印书馆之约，著《中国盐政史》。这是我国最早、最系统的关于盐务经济政治制度的论著，书中的图表数据均具有极高的史料价值与文献参考价值。该书收录于商务印书馆的《中国文化史丛书》。

福州三坊七巷光禄吟台的摩崖石刻上留有曾仰丰的诗文："足迹思量历九州，偏于归计转悠悠。金陵吏隐添霜发，玉尺山光忆旧游。香草诗家犹一派，工梅雅集画名流。扬侯英发除荆棘，揽辔澄清盼状猷。"

邓 拓：
博学多才 一身正气

邓拓（1912—1966），无产阶级革命战士，杰出的新闻工作者、理论家、历史学家、诗人和杂文家。原名邓子健，笔名马南邨，出生于福建福州，祖籍福建闽侯竹溪。妻子丁一岚也是老新闻工作者，1949年开国大典的播音员、北京人民广播电台第一任台长。

他曾就读于上海光华大学、上海政法学院、河南大学，18岁时加入中国共产党，历任晋察冀日报社社长、中央政研室经济组组长。中华人民共和国成立后，任《人民日报》首任总编辑、中科院学部委员、中共北京市委书记处书记。"文革"期间，邓拓被打成所谓的"三家村集团"而含冤去世；1979年得以平反昭雪。

邓拓以"心为革命自明明"的革命精神、"苦志学为孺子牛"的扎实作风和"事事关心天地间"的伟大情怀，从事着自己一生所追求的伟大事业。他求真务实，坚持走群众路线，以史家的态度来办报，用现实的意义来指导工作，以鲜明的政治立场和高度的党性原则进行政论、杂文的创作。他还致力于中国社会经济史的研究，其扛鼎之作《中国救荒史》被商务印书馆收录于"中国文化史丛书"出版发行。

邓拓的笔名"马南邨"与河北阜平太行深处有个叫"马兰村"的地方有关。马兰村是《晋察冀日报》的根据地，抗战时期乡亲们为掩护报社的安全，10多人献出了生命。为了表达对乡亲们的永志不忘，邓拓后来以村名的谐音"马南邨"为笔名。马兰村还是邓拓主持编辑出版的第一部《毛泽东选集》的诞生地。

邓拓的大女儿邓小岚，小时候也跟随父母在马兰村生活，她一直把这里当作第二故乡。缘于个人身世、父辈情结以及对这片土地的热爱，邓小岚从2004年开始在马兰村义务支教，尤其是为村里的孩子教授音乐课程。此后，她把一半的时间和精力都放在这第二故乡，18年来从未间断。邓小岚的努力获得了成功。在2022年北京冬奥会开幕式上，由她负责组建的马兰村所在地阜平县城南庄镇44个农村孩子组成的"马兰花合唱团"亮相舞台，用希腊语清唱了《奥林匹克颂歌》，感动了整个世界。

胡也频：
文学号手　左联烈士

胡也频（1903—1931），左联五烈士之一（也是龙华二十四烈士之一）。学名胡崇轩，乳名胡培基，福建福州人，祖籍江西新建。其故居位于福州乌山天皇岭南侧（原卖鸡弄）。他是丁玲的第一任丈夫、沈从文的挚友，还是季羡林的老师。

胡也频的祖父原是太平天国时期太平军的一员，喜爱京剧。太平军瓦解后他买下福州城内卖鸡弄巷子的房屋，并从江西带了一个"大吉升"戏班，从此定居福州。胡也频的父亲胡廷玉任戏班管事。胡也频就是出生在福州的这个戏剧世家。他幼年入私塾（南后街杨国宾举人书斋）读书，少年时先后在福州崇德小学、乌山福建优级师范学堂学习，1918年因家道中落辍学到祥慎金铺当学徒。1920年春到上海，在上海浦东中学读书。一年后，他来到天津大沽海军管轮学校学习。不久学校停办，他又到北京投考大学，未被录取，留京以给公寓老板做杂事维生。在同住公寓的大学生的影响下，胡也频对古典文学和外国文学发生了兴趣并阅读了大量的作品。1924年参与编辑《京报》副刊《民众文艺周刊》，开始在该刊发表小说和短文。同年夏天，与丁玲结识并成为亲密伴侣。1928年回到上海，与沈从文共同主编《中央日报》副刊《红与黑》杂志。1929年与沈从文、丁玲合编《红黑》月刊和《人间》月刊。1929年夏，他离开上海到山东济南，在省立高中教书。他在学校组织文学研究会，研究和宣传唯物史观和马克思主义文艺理论，开始重视文学在社会革命中的作用，并写出了长篇小说《到莫斯科去》。可以说，20世纪30年代前后兴起的革命文学，在中国无产阶级文学史和思想史上，都有着举足轻重的地位，胡也频无疑是积极的参与者和突出表现者之一。1930年，他加入"左联"（中国左翼作家联盟），被选为执行委员，担任工农兵文学委员会主席。1930年11月加入中国共产党，曾代表左联出席在上海举行的全国苏维埃区域代表大会，并被选为出席第一次全国工农兵代表大会的代表。1931年1月17日，胡也频在东方旅社出席第一次全国工农兵代表大会预备会议时被逮捕，2月7日与"左联"会员柔石、殷夫、冯铿、李伟森同被国民党反动派秘密杀害于上海龙华淞沪警备司令部。胡也频等五名左联干部被称为"左联五烈士"，因同时被杀害的还有另外19位共产党人，故又称"龙华二十四烈士"。

胡也频是商务印书馆《小说月报》的"高频"作者。《小说月报》自1923年第13卷起由郑振铎主编后，增辟了"整理国故与新文学运动"栏目。《小说月报》迅速发展成为当时我国规模最大、影响最广的新文学刊物。胡也频、沈从文、戴望舒、施蛰存等新人开始在《小说月报》露脸。胡也频一改在其他刊物上或言论尖锐或创作手法新颖独特的风格，其作品以扎实的创作实力见长，表现了在广阔的背景下的中国社会生活和时代风貌，具有强烈的现实主义精神。从此时开始，新月书店与《小说月报》一样，相继登载和发行胡也频和丁玲的文章和书稿。自1924年起，胡也频从小说《雨中》写起，相继出版了《活珠子》《鬼与人心》《往何处去》《到莫斯科去》《光明在我们的前面》等一大批小说和戏剧等作品。此外，他还创作了大量的诗歌，出版有《也频诗选》。

胡也频发表作品时的署名达十多个，除了胡也频、也频、胡崇轩、崇轩外，还有频、沉默、胡一平、菡、野苹、白丁、乃之、宛约、黄英等。其中"宛约"这一笔名最早见于1927年9月发表的短篇小说《家长》。丁景唐、瞿光熙主编的《左联五烈士研究资料编目》（1981）中的《胡也频著作系年目录》载录了三篇署名"宛约"的作品。

中国现代著名女作家丁玲，在人生低潮时得到胡也频的关心与帮助。这从丁玲写给胡也频的书信中可以看出："我是多么感谢你的爱。你从一种极颓废、消极、无聊赖的生活中救了我。你只要几个字便能将我的已灰的意志唤醒来，你的一句话便给我无量的勇气和寂寞的生活去奋斗了。"她后来在《也频与革命》一文中说道："是的，他为人民为革命而工作的时间是很短的,他可能是一个还不够成熟的革命家,但他是一个革命家,是一个烈士。"

他的学生、国学大师季羡林曾经评价胡也频,可谓一语破的:"一个在中国近现代革命史上和文学史上宛如夏夜流星一闪即逝但又留下永恒光芒的人物。"一生如流星般短暂的胡也频,留给世人的是斐然之绩。

沈秉焊：
球面三角的编译者

沈秉焊（1875－?），福建侯官（今福州市区）人，字仲英，沈葆桢重孙。

他毕业于天津北洋水师学堂，是严复、詹天佑的学生。其一生除在江西铜矿及福州测量工业学校做过短期教学外，主要工作时间都在福州马尾，与时任福州船政局局长的陈兆锵将军过从甚密。他长期担任福州海军学校（校址位于马尾）中校教官，负责英文版数学和物理的教学，也兼教英语。其编译的航海用书《球面三角法新教科书》（又称《弧三角》）于1911年由商务印书馆出版。

1911年商务印书馆出版的《东方杂志》（1911年8卷第3期）曾对此书作推广介绍："《球面三角法新教科书》沈秉焊编译，寿孝天、骆师曾校订，定价六角。习三角者先习平面，然后习球面，犹之习几何者既习平面，然后习立体也。顾三角教科书，或但论平面不及球面，或但于平面之后略论球面，而专论球面之书独缺，学者憾焉。沈君秉焊，本其所得于西籍及平日所以授学生者记录成帙，编为此书。虽篇幅无多而理法甚备，末数编述量地学与天文学之梗概，为习球面三角者示以应用之端绪。卷首集录公式以便检查，凡测绘学堂及中学以上各学堂有此项教科者，得此极为适用。"

沈秉焯与林觉民（黄花岗七十二烈士之一）是好友，林、沈两家亦为世交。关于林觉民给父亲、妻子的遗书如何送出来，坊间传说的版本有多个。笔者经过史料考证、信息比对，认为以下说法可信度比较高：1911年广州起义的前三天，即4月24日夜晚，林觉民在香港住所用白方帕给妻子写了封信，用英文作业纸给父亲和友人沈秉焯（仲英）又各写了一封信。这三封信经蜡封后，由林觉民身边的朋友从香港转出，几经周折才交到好友沈秉焯的手上。当时林觉民在广州已牺牲多日，林家为避风头被迫搬至福州三坊七巷早题巷的一处不起眼的小屋。几日后沈秉焯方才查得下落，他立即吩咐自己的贴心管家趁天黑将另外两封信塞进林家的门缝中。正是沈秉焯的大义，才使得"与妻书"后来能公之于世。

与沈秉焯有关的还有一件大事，那就是孙中山卸任总统后曾到访过福州。民国元年（1912）4月19日（农历三月初三，为福州花朝节之日），孙中山夜里秘密到访沈府。沈府位于今福州市鼓楼区庆城路，即沈葆桢出仕前的故居八角楼。沈秉焯的弟弟沈秉锴，曾经留学日本，是福建中国同盟会的要员，也是孙中山的情报官，后来还担任过福建省霞浦县知事，当时负有特殊使命不在场。因此，接待事宜只能由沈秉焯和兄长沈秉蒸来出面。据沈家后人回忆，当时沈秉焯兄弟俩邀请孙中山先生到书房茶叙。孙中山对林则徐手书的书房斋号与对联赞不绝口。兄弟俩陪孙中山一起喝福州的茉莉花茶、聊茶事。不少研究近代历史的学者至今都没弄明白，孙中山在福州短短的两天行程里，从百忙中抽空造访沈府的真正目的何在？也有学者对此存疑。但孙中山密访沈府一事，有他后来给沈秉焯亲笔书信（于民国十二年六月十五日用大本营公用笺并盖孙文私章）为证，信中明确提及曾经到过沈府。

郑拔驾：
旅游达人　文化使君

郑拔驾（1900—?），民国时期福州文化名人，祖籍福建侯官（今福州市区），家居福州三坊七巷洗银营3号。其高祖为清代嘉庆进士、知府郑鹏程。

1929年，他被聘为福州西湖公园董事会的干事主任。在任上，为了给游览西湖公园的游客提供方便，他曾编写《新西湖》一书（上海三民书店出版），详细介绍了西湖的过去、现在与未来。

他在三坊七巷的这条洗银营里弄还写出福州最早的旅行指南，书里详尽地介绍了当时福州城及周边的景致。1935年，《福州旅行指南》由商务印书馆出版发行。

南昌大学历史系罗桂林曾对此评价："旅游指南的出现，在很大程度上超越了士大夫撰述乡土资料的社会功能，它开始触及城市社会的方方面面，深入到普通民众的生活中，成为传达'现代化'观念与建构政治权威的重要方式。"

郑拔驾的著作还有《两性贞操论》等。

萨本栋：
鞠躬尽瘁 甘为人梯

萨本栋（1902－1949），著名的物理学家、电机工程专家和教育家，是一位能够进行文史研究的理工科教授。字亚栋，号仁杰，福建侯官（今福州市区）人。

1921年，萨本栋从清华毕业后赴美留学，先后在斯坦福大学和伍斯特理工学院学习，1927年获伍斯特理工学院理学博士学位。他曾担任美国西屋电机制造公司工程师。1928年萨本栋回国担任清华大学教授，1935年应邀为美国俄亥俄大学客座教授。1937年7月，萨本栋被任命为国立厦门大学第一任校长。在此后的8年时间里，他在极其艰苦的抗战条件下为厦大的建设与发展作出了卓越的贡献。1945年萨本栋受聘担任中央研究院总干事，1948年当选为中央研究院院士。

1949年1月，萨本栋在美病逝，后归葬于厦门大学校园内。萨本栋英年早逝，令人惋惜。他的一生，不仅以他的非凡学识与才智为世人所景仰，其优秀品德和甘为人梯的奉献精神更使人难忘。萨本栋在学术上的最大成就，是率先把双矢量应用于解决三相电路问题，得到当时国际电工界的高度评价；在教育上的最大贡献，是在抗战的艰苦环境中发展和壮大了厦门大学，使陈嘉庚的爱国办学精神得到发扬光大。

他的《实用微积分》《画法几何学》《交流电机》等多部著作在商务印书馆出版，其中《普通物理学》和《普通物理实验》收录于《大学丛书》。这些书被当时的大学广泛采用，有的还被国外翻译出版，影响及于海外。

20世纪30年代，清华大学名师荟萃。左起：施嘉炀、钱端升、陈岱孙、金岳霖、周培源、萨本栋、张奚若。

释圆瑛：
佛界领袖　爱国高僧

释圆瑛（1878－1953），佛教学者、中国近代佛教领袖。俗姓吴，法名宏悟，字圆瑛，号韬光，又号一吼堂主人。祖籍福建古田，1897年在福州鼓山涌泉寺出家。

他是爱国主义的楷模，是位爱国爱教的高僧。中国佛教协会曾评价：圆瑛法师毕生致力于近现代中国佛教复兴事业，是近现代佛教中国化的奠基者与实践者，是近现代中国佛教界爱国爱教的旗帜与楷模。

他修习教观，精研《楞严经》，被佛学界赞誉为"楞严独步"。1909年创办宁波接待寺佛教讲习所，1914年任中华佛教总会参议长。曾讲经于闽浙、京津、湖广、台湾及南洋等处。历任宁波天童寺、福州雪峰寺、鼓山涌泉寺、泉州开元寺、南洋槟城极乐寺等多寺住持。1929年圆瑛法师与太虚共同发起成立中国佛教会，并连续数届当选理事长。1934年他在上海创办圆明讲堂，创设圆明楞严专宗学院和圆明佛学院，出书立著，传道授业。圆瑛一生参悟两宗，既"得法于宁波七塔寺慈运老人，亲承法印，传临济宗第四十世；又得福州雪峰寺达本老和尚心灯，为曹洞正宗第四十六世。后又朝礼普陀、九华、五台诸名山"。

抗战爆发后，他不因自己无守土之责而超然物外，而是挺身团结佛门僧众，共赴国难。他号召全国佛教徒参加抗日救国工作，自己率先投身于抗日救亡活动之中。1939年，圆瑛法师被日军逮捕入狱，受尽折磨，但坚贞不屈，始终保持了爱国僧侣的崇高气节与民族大义。

1953年3月，圆瑛大师当选为中国佛教协会第一任会长。同年9月，圆瑛法师病逝于宁波天童寺，临终之前留下遗嘱："愿我全国佛教徒同心同德，积极参加爱国运动，致力于和平事业，应思利民护国、饶益有情，乃成佛之基、众善之首。"

法师妙悟禅识，他注疏的《大乘起信论讲义》在商务印书馆出版。

陈遵妫：
北京天文馆创办者

陈遵妫（1901－1991），教授，中国现代天文学家，北京天文馆的创办者。字志元，福建福州人。

他毕业于东京高等师范学校，受父亲的挚友高鲁（福建福州人，中国现代天文学奠基人之一）的引导，归国后很快就投身于我国的天文学事业，从业时间长达60多年，为中国现代天文事业的创建与发展贡献毕生。20世纪30年代，他曾任中央研究院天文研究所研究员，先后参加过南京紫金山天文台和昆明凤凰山天文台的筹建。陈遵妫担任过中国天文学会理事长、《宇宙》杂志总编辑等职务，主持过《天文年历》的编算工作。1955年陈遵妫主持筹建北京

紫金山天文台变星仪室

天文馆并担任馆长，他把天文研究与科学普及相结合，影响了好几代的青少年。

  1935年应商务印书馆之约，他花了两年多时间完成《中国天文学史》一书的编撰并准备交稿出版。不料全面抗战爆发，陈遵妫的发妻和三个孩子在这场战争中不幸全部遇难，书稿也在战火中焚毁。他为第一本中国天文学史著作所作的努力前功尽弃。但越是磨难越能激发他报国的满腔热血，他化悲痛为力量，加倍努力一路向前。

  德国哲学家康德有句名言："有两样东西，愈是经常和持久地思考它们，对它们历久弥新和不断增长之魅力以及崇敬之情就愈加充实着心灵：我头顶的星空，和我心中的道德法律。"陈遵妫正是怀着崇敬之情和愈加充实着的心灵去探索他头顶的星空，除了发奋于天文科研和创作外，心无旁骛。

  自20世纪30年代起，陈遵妫在商务印书馆陆续出版了《行星图》《天文家名人传》《天文学概论》《中国天文学说》等著作，为中国现代天文学研究工作积累了宝贵的资料并奠定了基础。

张钰哲：
"中华"小行星发现者

张钰哲（1902—1986），天文学博士，中国现代天文学家，中国近代天文学的主要奠基人，"中华"小行星的发现者。祖籍福建闽侯，故居在福州朱紫坊芙蓉弄。

他毕业于美国芝加哥大学天文学系，先后获天文学硕士、博士学位。在留学期间的1928年，26岁的张钰哲发现了第1125号小行星，被命名为"中华"——这是第一颗由中国人发现的小行星，人称"6亿公里外的中华"。张钰哲归国后历任国立中央大学教授、中央研究院特约研究员。1950年出任紫金山天文台台长（在任上曾经致函邀请王绶琯回国共同创业），1955年被选为中国科学院学部委员（院士）。1965年，他以天文学界专家的身份率员参加了中国第一颗人造卫星的方案论证及轨道设计工作，为成功发射中国第一颗人造卫星出了大力。1978年，他通过对中国历史上早期哈雷彗星记录进行分析考证和研判，第一次大胆提出通过研究哈雷彗星的回归，来解决"武王伐纣"究竟发生在哪一年的历史悬案。他在《天文学报》上发表论文《哈雷彗星的轨道演变趋势和它的古代历史》，后又在1982年他的著作《哈雷彗星今昔》一书中加以阐述。他认为，假若武王伐纣之年所出现的彗星为哈雷彗星，则是年为公元前1057年至公元前1056年。他的研究成果，为迄今仍未解决的中国古代史之年代学悬案提供了重要线索，引起了世界天文界的极大关注。

1978年，哈佛大学天文台将他们发现的第2051号小行星命名为"张"（Chang），以表达对张钰哲在天文科学上所作的杰出贡献的敬意。2010年，国际天文学联合会（IAU）批准了由我国科学家利用绕月探测工程全月面影像数据首次申报的月球地理实体命名，将月面三个撞击坑分别命名为蔡伦、毕昇和张钰哲。

张钰哲一生科研成果丰硕，著述宏富，先后发表的论文、专著达90多篇（部）。其著作《天文学论丛》《光学之研究》等由商务印书馆出版。

黄孝纾：
隐然为东南之大师

黄孝纾（1900—1964），教授、书画家。字颐士、公渚，号匑厂，福建长乐（今福州市区）人，民国初期跟随父母迁居山东青岛。

黄孝纾的父亲黄曾源，字石孙，光绪进士，曾任监察御史、知府。他编写的《义和团事实》现藏于南京图书馆，是研究义和团的第一手资料。其故居位于福州市长乐区琴江满族村。

他是一位普受学界推崇之才华横溢的全才人物，诗词文章、绘画、书法均达到了很高的水平，有"三绝"之誉；他在古文献学、版本目录学、古典文学、金石学及文物鉴定等领域也有相当高的造诣，受到当时学界的普遍推崇。黄孝纾曾历任北京大学、北京师范大学、青岛大学、山东大学文科教授，在山东的时间最长。

他一生著述很多，其《欧阳永叔文》选注收录在商务印书馆《万有书库》第一集；选注的《玉石新咏》《两汉金石文》《晋书》等普及性著作，收录于王云五等主编的《学生国学丛书》。该丛书由商务印书馆于1926年至1948年陆续出版，共收文学类选注本56种，黄孝纾的著作占了总数的七分之一。黄孝纾深藏若虚，李宣龚誉其"隐然为东南大师"。

郭曾炘：
一门数代　俱有文名

郭曾炘（1855—1929），进士出身，近代著名诗人。谱名亲绳，原名曾炬，字春榆，号匏庵，晚号福庐山人。福建侯官（今福州市区）人，同治年间湖广总督郭柏荫之孙，弟郭曾程、郭曾准，儿子郭则沄均进士出身。一门数代，俱有文名。

郭曾炘少有"神童之目"，读书过目不忘。他学贯中西，常与严复探讨中外学术，成为挚友。光绪六年（1880）进士及第后，以散馆授礼部主事入仕，参与修《会典》。光绪十七年（1891），充军机章京，升员外郎、郎中。光绪二十四年（1898），升内阁侍读学士，历太常少卿、光禄卿。光绪二十七年（1901），升署工部左侍郎，调礼部右侍郎，兼户部左、右侍郎。光绪三十一年（1905），受聘为农工商部实业学堂监督。光绪三十三年（1907），授邮传部左丞，署右侍郎，改礼部右侍郎。宣统元年（1909），充实录馆副总裁，为《清史稿》总纂。宣统三年（1911），改典礼院副掌院学士。"郭曾炘曾上书言事，所论切中肯綮"，张之洞称其为"百年以来，礼臣能识别大体者，一人而已"。民国后以清室遗老自居，参与晋安耆老会。

郭曾炘晚年的日记《郭曾炘日记》（从 1926 年 11 月 5 日至 1929 年 1 月 4 日），由窦瑞敏整理、中华书局出版（2019）。郭曾炘一生历经咸丰、同治、光绪、宣统四朝，又由清季入民国。《日记》真实再现其晚年的真实心境，从中可以折射出当时"遗民"知识分子的生存状态及文化心理。"遗民"是研究代际历史、思想和文学的重要专有词语之一，往往标识一特定人群的基本面貌。通过"遗民个体"的了解，勾勒和重绘"遗民群体"的全貌，《郭曾炘日记》是不可或缺的具有相当史料价值和学术价值的资料。

对于改朝换代，郭曾炘还是保持清醒的头脑。日记云，"余自辛亥后，即不复作东周之梦想。古来流离中兴，自少康后，已不再见"。"《郭曾炘日记》展示了一位对遗民身份高度自觉的清遗民，如何通过日记自塑自身的清遗民身份，进而通过这种身份的营造与体认，修改日常行为模式，从而自我定义了'清遗民'的基本内涵。"在政治上的思考无路可走后，郭曾炘也像其他的一些清遗民一样，退回文学与书籍的世界中，寻求新的生活及社会认同，不曾想这竟给他们带来意外的收获和喜悦。

他曾在商务印书馆《东方杂志》上发表数篇作品，是《东方杂志》诗坛有影响的作者之一。著作有《匏庵诗存》《楼居茶记》《论诗绝句》《读杜札记》等。2018 年，人民文学出版社出版《郭曾炘集》。

郭则沄：
教育行事 诗书传人

郭则沄（1882－1946），进士出身，民国京津文坛的核心人物之一。字蛰云、养云、养洪，号啸麓，别号孑厂，福建侯官（今福州市区）人，生于浙江台州，世居福州三坊七巷黄巷。

他的曾祖父郭柏荫，进士出身，官至江苏、广西、湖北巡抚及署理湖广总督；祖父郭式昌，举人出身，历官台州知府、金衢严道台、代理浙江按察使；父亲郭曾炘，进士出身，先后任过户、礼、工部侍郎，为《清史稿》总纂；郭则沄还是文学大家俞平伯的大姐夫。

1895年，13岁的他即成为闽人榕荫堂诗社的会员，四年后考取通艺学堂成为张元济的学生。他在通艺学堂学习英文、格致，戊戌政变学堂被停办后转入会文学堂、京师大学堂继续学习，后被学部公派到日本早稻田大学留学。归国后出任徐世昌的二等秘书官，为徐所赏识，举荐其才，升任奉天省二等秘书官，参与编修《各国政艺通考》赏二品衔。后赴浙江历任温处道兼瓯海关监督、署理浙江提学使、温处道兼辖海防局、护理温处镇总兵等。

他非常重视教育，在浙江任职期间效仿林启先后创立浙江高等农业学堂（民国初期并入中山大学，后更名为浙江大学）、贫民习艺所等文教设施，创设浙江省立工业学堂（此学堂培养的人才对于我国民族工业的初期发展颇有影响。为此，北洋政府追授首创机织学堂之功，赠"一等宝光章"。浙江省立工业学堂是今浙江工业大学的前身之一），还捐款兴办法政学堂等。

辛亥革命后，徐世昌担任北洋政府国务卿，郭则沄是他的秘书省秘书，后历任机要局帮办、政事堂参议、政事堂礼制馆提调和铨叙局局长，获授"上大夫少卿"荣衔。徐世昌就任总统后，郭则沄先代国务院秘书长，再任秘书长。据说在巴黎和会期间，总理钱能训密电命令首席代表陆征祥签约的信息，就是时任国务院秘书长的郭则沄获悉情况后当晚告知林长民的。五四运动爆发时，郭则沄代表国府与学生代表通报情况、答复北京学生团请愿，以及接见北京各界联合会代表并答复其请愿书。同年，他与徐树铮因争取外蒙撤消"自治"有功，获颁蒙藏院一等一级勋章。徐世昌曾评价郭"君才如天马行空，恨不得共支边局耳"。

五四运动后徐世昌被迫辞去总统之职，郭则沄从此退出政坛，隐居津京家中，著述讲学，诗赋唱酬。他工诗书，善书法，才华横溢，著述浩繁，为民国京津文坛核心人物之一，"延续发展了侯官郭氏家族的家风、家学、家声，对民国旧体诗坛、词坛，尤其是天津地区的文学发展，贡献卓特"。北京沦陷后，他顶住胁迫，多次拒绝出任伪北京政权秘书长等职的邀请，坚守民族气节，令人钦佩。

郭则沄撰写的白话小说《红楼真梦》，序言为俞平伯所写。郭则沄还是商务印书馆《东方杂志》《小说月报》杂志《文苑》栏目的作者。

黄懋谦：
政事半生　诗书余年

黄懋谦（生卒不详），诗人，书法家。字默园，福建侯官（今福州市区）人，祖籍福建永福（今福州永泰县）。他为陈宝琛弟子，兰吟社（闽派诗群）主要成员；夫人郭凤梁为郭则沄的族妹（郭凤梁的祖父郭伯苍与郭则沄的祖父郭伯荫为胞兄弟）。

曾就读于福州东文学堂，与林志烜、李景铭、程树德、陈宗蕃、陈遵统等为同学。宣统元年拔贡，历任学部普通司行走、京师大学堂监学、教育部主事、广西巡按使署秘书、政事堂主事等职。民国时期曾任总统府秘书、北平特别市卫生局秘书。

黄懋谦、卓定谋和郭则沄与晚清重臣"善化相国"瞿鸿禨幼子、民国学者瞿宣颖都是挚友。瞿宣颖和卓定谋的胞弟卓宣谋是姻亲连襟，他们夫人的外祖父就是大名鼎鼎的两江总督、"晚清中兴四大名臣"之一的曾国藩。瞿宣颖长沙故宅中有两株海棠，而北京黄米胡同宅中也有两株海棠，瞿宣颖请黄宾虹绘《后双海棠阁图》，郭则沄、黄懋谦等给《为兑之题双海棠阁图卷》题诗，此画作成为其最爱。黄懋谦与卓定谋同乡，自然是京西"自青榭"的常客。北京诸多诗社，都是脱离政界后的黄懋谦诗书交友的好去处。黄懋谦还是商务印书馆《东方杂志》《小说月报》的作者，先后有9篇诗作发表于《东方杂志》。

黄大馥夫人曾和清（摄于20世纪30年代）　　　黄懋谦书法

儿子黄大馥的岳父是北洋重臣、段祺瑞的军师曾毓隽。曾毓隽（1875—1967），福建闽县人，祖籍长乐，举人，毕业于船政学堂，曾留学欧洲，段祺瑞最重要的幕僚之一（皖系以段祺瑞为领袖，徐树铮、曾毓隽为谋主），担任过北洋政府交通部总长。1956年他受聘为中央文史研究馆馆员。他九十大寿时，周恩来总理专门派员设宴祝贺。

梁遇春：
遇春之时　我将蹈火

梁遇春（1906—1932），著名的青年散文家、翻译家。笔名驭聪，又名秋心，福建闽县（今福州市区）人。祖居福州仓山梁厝，出生于福州三坊七巷闽山巷9号。他曾受业于鲁迅、胡适，是叶公超、温源宁（广东陆丰人，英国剑桥大学法学硕士，清华、北大的教授，林徽因表姐曾煦樱的丈夫）等一代英语名师的得意门生。徐志摩、叶公超为其师友，梁实秋、沈从文曾是共事伙伴，废石（冯文炳）、石民是他的同窗挚友（文坛并称"骆驼草三子"）。

他出身书香门第，从小耳濡目染也喜爱读书。8岁时在福州教会学堂格致高小上学，12岁就读于福建省立第一中学（今福建省福州第一中学的前身）。1922年考入北京大学预科，两年后转入北京大学英文系学习。他在大学期间的1926年就开始翻译西方文学作品，发表散文，后来在《语丝》《奔流》《骆驼草》等刊物上撰文。他的散文风格独特，引起了人们的注意。1928年，梁遇春大学毕业，因成绩优秀、专业出类拔萃被留校任助教，后转上海暨南大学任教。这期间，他为胡适、徐志摩主编的《新月》杂志"海外出版界"栏目作书评，同时在《新月》上发表散文多篇，赢得了"新月散文家"的称号。1930年重返北大,在北京大学图书馆负责管理英文系的图书,兼任助教,有"少年教授"之称誉。1932年夏,梁遇春因染疾猝然去世,年仅26岁。

他英年早逝,留下了20多种翻译作品和50篇散文。他的英国文学的造诣很深,中文功底深厚,译著与散文相得益彰。其文字隽永的"信、达、雅"译著《小品文选》《英国诗歌选》都已成为青少年的普通读物,叶恩师盛赞他的译著"很对得起原著人"。他曾经广为传诵的散文集《泪与笑》《春醪集》,风格另辟蹊径,兼有中西方文化特色,在现代散文史上堪称一家,被称为新文学的六朝文,郁达夫赞誉梁遇春为"中国的爱利亚"("爱利亚"今译"伊利亚",是英国散文家查尔斯·兰姆 Charles Lamb 的笔名。梁遇春受查尔斯·兰姆的影响很大)。后人评价梁遇春是中国现代文学史上一个被忽略的角色。

"梁遇春虽师承兰姆,本质上却不是悲哀叹美者。后期,他大胆从谈'笑'论'泪'进而说'火',礼赞火样人生,生命的火焰。"[1] "梁遇春留给后世的是一个率性而为的蹈火者形象。他对火有着一种特殊的情结,因为他本人的生命也正如一团跳动的火焰,尽管最终剩下的也只不过是一点残灰,却仍然奋不顾身地投入到这场烈焰中去,从容起舞。"[2] 这种情怀,从梁遇春去世前两个月致胡适的信中依稀可以感受到。[3]

适之夫子赐鉴:

　　附上短文一篇(指的是梁遇春悼念徐志摩的文章 Kissing the Fire,简称《吻火》),系前月回忆志摩先生时写的。里面所说吻火一节,却是三年前实秋先生宴饮新月同人时的情事。当时,夫子亦在座,或者还能想起。记得希腊一位哲学家主张火是宇宙的本质,他曾经说一个人在河里不能两次洗同一的水。志摩先生的气质真好比一团灿烂的火花,他在生命的河流里洗净自己,刻刻有新的意境,新的体验,仿佛也可以说没有洗过同一的河水,所以"动"好像是他生活的真髓。夫子以为如何?短文请为斧削,诸容面陈。

　　专此

　　并请道安

受业梁遇春鞠躬十一

---

[1] 王国栋:《梁遇春:来自三坊七巷的散文家、翻译家》,《闽江学院学报》,2011年第3期。
[2] https://baijiahao.baidu.com/
[3] 此信现藏中国社会科学院近代史研究所胡适档案内。

虽为蹈火者，但是"梁遇春没有遁入激进或神秘，他选择的处世态度是'广大无边的同情'。'同情'，是另一条爱的突围之路。以广博包容的大爱度己身的小爱，度灵魂的困苦绝望，是一种救赎的途径"[①]。法国文学家托马斯·布朗曾经说过：你无法延长生命的长度，却可以把握它的宽度。这是一种人生态度，梁遇春用自己如焰火般短暂又绚烂的一生诠释了它，正如他常常说的那样，"青年时候死去，在他人的记忆里永远是年轻的"。

梁遇春逝世后，时任北京大学文学院长的胡适与周作人、叶公超、废名、俞平伯等人发起追悼会，亲自编辑梁遇春的遗译《吉姆爷》（英国作家康拉德原著）。1934 年，梁遇春的遗译《吉姆爷》由商务印书馆出版。在《编者附记》中，胡适说梁遇春英年早逝，"中国失去了一个极有文学兴趣与天才的少年作家"。2020 年，商务印书馆还出版发行了《梁遇春译作选》。

[①] 摘自知乎，寸鐵：《风雨如晦，鸡鸣不已——我读梁遇春》。

陈遵统：
通儒达士　国学大师

陈遵统（1878—1969），举人出身，教授，民国时期杰出的学者、教育家和国学大家。字易园，福建闽县（今福州市区）人，家住福州城内北后街，陈宝琛的入室弟子。

他早年毕业于全闽大学堂（福州第一中学的前身），光绪年间拔贡，曾任福州蒙学堂国文教习。1904年负笈东瀛，后毕业于日本早稻田大学政治经济系。陈遵统归国后被授予优等法政科进士，在清廷内阁度支部和北洋政府财政部任职多年，并兼任北京大学教授，是一位资深的财政专家。辛亥革命民国成立后，陈遵统任国会秘书。1914年在财政部工作时，他与张茂炯、陶德琨等人一起首创新税所。1923年，他因愤曹锟贿选，辞职返回福州母校全闽大学堂任国文教师，从此脱离政界。1928年起，陈遵统先后在福州格致中学、英华英语学校教国文，接着在私立福建法政专门学校执教，后历任福建国学专修学校校长，北京大学、私立福建学院、福建协和大学教授，1937年担任福建协和大学中国文学系主任（后改为文学院院长）等职，主讲国学。新中国成立后，陈遵统受聘为福建省文史馆馆员，潜心地方历史文献的整理和研究，为福建文化建设和民族文学研究作出了很大的贡献。

他知识渊博，治学严谨，对中国文学研究颇深。他的"民族文学"之主张，强调历史、现实与未来三者的有机融合。"陈遵统认为，没有强大的民族精神和独立的民族品格为支撑的摇旗呐喊，最终都将沦为空洞的口号和形式的表演，而这恰恰是当时最缺乏的。"[1] 他还强调国故传承不是以守旧为目的，而是为了守正出新而谋独立自强，贯穿中西而图开阔胸襟。

陈遵统著有《中国教育行政法》《国学概论》《国文学》《中国文学史纲要》《中国民族文学讲话》及《福建编年史》（主编）等，而他1938年出版的《中国民族文学讲话》则是当时中国民族和民族文学史论的开山之作。其国学入门之作《国学常识问答》由商务印书馆出版。

---

[1] 李薇：《培根铸魂立心弘业》，《福建日报》，2022年6月7日。

陈騊声：
奠基工业微生物学

陈騊声（1899—1992），教授，工业微生物学家，中国近代工业微生物学的奠基人和开拓者、中国酒精工业的创始人。字陶心，福建闽县（今福州市区）人。他擅丹青、工书法，同时还是一名诗人。

他毕业于北京工业专门学校（国立北京大学工学院的前身）应用化学科。由于在校学习成绩优异，校长俞同奎推荐他到山东黄台溥益糖厂酒精厂工作。1930年，陈騊声担任实业部中央工业试验所酿造室主任，着力于传统酿造的技术改造，取得很大成效。1932年，陈騊声获公费赴美留学，获路易斯安那大学理学硕士学位，又在美国威斯康星大学研究院进修发酵化学，并赴欧洲各国考察微生物工业。归国后先回中央工业试验所酿造室工作，后于1934年到上海出任中国酒精厂总化学师。在中国酒精厂工作期间，曾因工程技术超越了当时重金聘请的英国专家，名噪一时。1936年，朱宝镛教授与张裕公司经理徐望之一起发起组织"中国酿造学社"，盛邀时任上海中国酒精厂厂长陈騊声、中央大学农化系主任陈方济教授等的加盟。1949年后，陈騊声历任江南大学、复旦大学、上海第二医学院教授，83岁高龄时为上海科技大学创办生物工程系并任主任兼教授。他的研究成

1979年全国微生物学会莫干山会议时留影（左起：秦含章、陈騊声、朱宝镛）

果曾荣获1978年全国科学大会重大科学成就奖。1992年，陈騊声逝于上海。

陈騊声是我国微生物学界少见的著作等身的科学家。从1928年商务印书馆出版他编著的第一本书《世界各国之糖业》开始，60多年里，他的著作多达数十部，字数超千万。商务印书馆出版其主要论著还有：《酒精》《制糖工业及糖品分析法》《酿造学总论》《酿造学分论》《酿造学实验》《高等酿造学》（上下册）《实用微生物学》《食品微生物学实验》《食用微生物实验》《酶化学》等，其中《酿造学总论》和《酿造学分论》是我国第一部有关酿造学的大学教科丛书。

1982年5月，老学长、时任全国人大常委会副委员长的胡厥文写诗赞誉他："民强端赖能生产，国富全凭科学工。不倦勤攻六十载，前程贡献利无穷。"这既是对科学家的礼赞，也堪称陈騊声的一生写照。

林庚白：
诗坛怪杰　民国神算

　　林庚白（1897—1941），教授，民国时期著名诗人、政治人物。原名学衡，字凌南，又字众难，自号愚公、孑楼主人、摩登和尚，福建闽县（今福州市区）人，陈衍的弟子。

　　他幼失双亲，由堂伯父养大。13岁那年以第一名的成绩考入京师大学堂预科，先后认识了汪精卫、柳亚子等人，并经汪精卫介绍加入中国同盟会，由柳亚子引荐加入南社诗社。

　　辛亥革命后，他担任中华民国南京临时政府内务部参事，时年才16岁。旋即到上海，与林森、陈铭枢等人秘密组织"铁血铲除团"（亦称"黄花碧血社"），专以暗杀帝制余孽为急务。后被推为众议院议员兼宪法起草委员会秘书长、众议院秘书长。他还兼任中国大学、俄文专修馆法学教授。护法运动开始后，林庚白追随孙中山到广州，担任大元帅府秘书。1924年至1926年间，曾经先后出任铁路局长、铁路会办。国民政府定都南京后，历任外交部顾问、南京市政府参事。他曾创办《民国新闻》《长风》半月刊，主持《民国报》，梁启超对其文章有"奉读大著，五体投地"之赞誉。他是坚持抗战的强硬派，其夜以继日撰写的《抗日罪言》，对抗战前途充满必胜信心。1941年，他在重庆当选为立法委员。他独具慧眼地看到了中国共产党的抗日是中国的希望所在，赋诗七律一首《书〈中国共产党宣言〉后》，称"欲持吉语告朋俦"。

林庚白是一个怪杰，聪明绝顶，文思敏捷，但又放荡不羁。其两项天赋名满天下：一是赋诗，二是"命算"。他著作甚丰，唯诗才最高。作为南社健将的"诗怪"，他也有"中国一代诗人"之称，与陈衍、柳亚子、郑孝胥等过从甚密，常有诗词酬唱。他自诩"诗狂"，看不起后来当了汉奸的郑孝胥，直斥"孝胥诗情感多虚伪"，曾放言："十年前论今人诗，郑孝胥第一，我第二。倘现在以古今人来比论，那么我第一，杜甫第二，孝胥还谈不上。"柳亚子一向推崇林诗，评说他的诗"理想瑰奇而魅力雄厚""思想颇前进"，十分中肯。戴显群认为："他潜心研究我国古典诗词，秉承先辈遗风，注入时代精神，开创一代新诗风，与柳亚子诗风形成了南社当时著名的两支，前者深刻，后者博大。"[①] 其创作诗文很多，在灾难深重、风云变幻的20世纪二三十年代，他的诗不仅表现出忧国忧民、坚持抗敌的爱国主义思想，而且突出时代特征和社会风貌。他先后编校《庚白诗存》《庚白诗词集》，著有《孑楼随笔》《孑楼诗词话》，也是商务印书馆《东方杂志》的作者。

然而，比起诗人的影响，他的另一天赋更为人所津津乐道。由于诗词为"阳春白雪"之物而和者寡，他的诗名反被他的"下里巴人"之高明命理所淹没。所以，一生从政写诗的林庚白，却以命相之学名满天下，使得他后来的人生履历被蒙上了传奇色彩。最早的、也是最著名的例子是，林庚白用他研究的命理学替倒行逆施的袁世凯预言："而项城（袁世凯）则丑字旬空，故仅得八十三日称制，卯酉枯破巳酉会避之趋，则全盘而动，宜其亡。""项城寿命将终，那些弹冠相庆者，徒以冰山为泰山"，警告袁只是"冰山"，崩溃在即，振聋发聩。果不其然，当了83天皇帝的袁世凯就暴毙身亡。林庚白从此名声大噪。有人认为，"林庚白实是关心时政，只是借看相、算命来浇胸中块垒，激扬民气而已。""著《人鉴·命理存验》一书鉴人百余，预言章士钊入阁、林白水横死、孙传芳入浙、廖仲恺死于非命等，时人评曰'皆言之确凿如响斯应'。"他曾经替同乡黄濬、梁鸿志算过命，说一人在半年之内必有大凶；另一人"将来非明正典刑不可"。后来的事实验证了林庚白的预言：黄濬因给日本人送情报而伏法，梁鸿志成为大汉奸，抗战胜利后被枪毙。对于介绍他加入同盟会的汪精卫，林庚白也毫不留情，咒他过了60岁便难逃大厄，后来事实就是如此。

[①] 林公武、黄国盛主编：《近现代福州名人》，福建人民出版社，1999。

林庚白还给当时名噪一时的才子徐志摩算过命，命盘显示徐会死于非命，再次应验后林庚白被推崇为"民国神算"。其实林庚白的命算结果是否皆准已不重要，世人所关注的都是被其不幸言中者。然而他的眼光的确不一般。1938 年，林庚白作诗七律一首《寄延安毛泽东先生》，称"湖南人物能开国，况出山川百战余"，认定毛泽东是能拯救中国于水火之中的伟大人物，这就不能不说有点神奇了。林庚白的"算命之术"绝非一般算命先生可比，民国"神算子"的美誉也绝非徒有虚名。他一生不追求做官，很大因素就在于算定自己并无官运。

此外，林庚白被人在茶余饭后所调侃的，还有他的风流倜傥，为追求爱情的不遗余力。18 岁时在姐姐的安排下成婚，1931 年离婚后追求的多是民国名媛，如张荔英、陆小曼、唐瑛等，追求过电影明星王莹，还与民国政府铁道部女职员张璧恋爱，以诗寄情，风流韵事轰动一时。据说还追求过同乡林长民的女儿林徽因、前辈柳亚子的女儿柳无垢。可落花有意、流水无情，均无结果。直到 1937 年 40 岁时，才娶了林徽因的堂妹、年仅 20 岁的才女、诗人林北丽为妻。恋爱激发了才情，林庚白诗词创作上了一个高峰，放胆写艳词，获讥于世，终不悔。

然而，乱象丛生的政坛最终让他深感失望。1941 年，"左倾"的林庚白受到蒋家政府的"特别关注"。林庚白演算出自己当下有"凶兆"，于是偕家人从重庆来到香港，拟远离政治，专心于诗书。但仅隔十天时间，太平洋战争爆发，香港沦陷。匪夷所思的是，12 月 19 日林庚白夫妇夜归时与日军相遇，他遭枪杀而死于非命，年不过 45 岁。这不由得让人想起，其实真正的命算高人还是清代的曹雪芹。正所谓《红楼梦》的"好了歌注"中早有命算："正叹他人命不长，那知自己归来丧？"林庚白虽是一代奇才、民国神算，却困于命运，算出自己死期却也无力回天，但这些都是题外话了。

陈岱孙：
经济学的一代宗师

  陈岱孙（1900－1997），著名的经济学家、教育家。原名陈总，福建闽县（今福州市区）人。末代帝师陈宝琛是其伯祖父，近代著名外交家罗丰禄是他的外祖父。陈岱孙在财政学、经济学说史等方面造诣极高，是德高望重的经济学界泰斗。

  1920年清华学校毕业后，他获得庚子赔款公费留学美国威斯康星大学、哈佛大学，获文学硕士和哲学博士学位。回国后陈岱孙参与清华大学经济系的创建，任教授、系主任，后兼任清华法学院院长。抗战时期任西南联合大学教授、经济系主任。他在1952年出任中央财经学院第一副院长，1953年以后任北京大学教授、经济系主任。他坚持经济研究的定性分析和定量分析，两者不可失之偏颇，批评忽视数量分析的倾向。他编写的《经济学说史讲义》，第一次用马克思主义观点和方法，科学评价资产阶级经济理论，建立起自己的学说史体系。

  有人笑称陈岱孙是"铁打的经济系主任"，因为他从28岁到84岁一直担任经济系主任——只是由清华经济系到西南联大经济系，到抗战复原后的清华经济系，再到院系调整后的北大经济系而已。厉以宁是院系调整后陈岱孙的大弟子,晏智杰、王铁崖也是他的学生。

他还是全国政协常委、北大校务委员会副主任委员、中国外国经济学说研究会理事长、中国金融学会常务理事、中国世界经济学会顾问、《经济科学》杂志主编、《中国大百科全书·经济学》编辑委员会副主任等。95岁生日时,朱镕基总理给他写了一封祝寿信,曰"陈岱孙先生:欣逢先生九五大寿,本已定于明日登门拜谒,敬贺寿辰,适因公须即日离京,未克践行,怅何如之。先生年高德劭,学贯中西,授业育人,六十八年如一日,一代宗师,堪称桃李满天下"。由此我们可以感受到,这既是朱镕基总理尊师重教之情,也是对陈老的高度评价,总理的高风亮节让人钦佩。

1938年西南联大期间,陈岱孙(左三)、周培源(左一)、金岳霖(左五)、吴有训(左六)与梁思成(左二)和林徽因(左四)一家合影。

陈岱孙出身于世家,少年成才,留学美国名校,形象高大俊朗,而且还是体育方面的多面手,这些特征与小说中的"白马王子"无异,用当代的网络流行语就是"高富帅"。但是,陈岱孙的一生却是心无旁骛地教书育人。他80多岁还给本科生上课,90多岁还带博士生。正如清华大学经管学院大厅他的铜像基座上所镌刻着他生前常说的那句话一样:"我这辈子只做了一件事,教书"。王曙光这样评价陈岱孙:"他一生淡泊,孤独,终身未娶，将全部的精力贯注到教书育人之中。对他而言，教书不仅是安身立命的职业，更是他全部生命的诠解方式，这种诠解几近一种宗教式的虔诚和投入。"陈岱孙一身清白，一世清华，堪称真正的贵族。

商务印书馆出版他的论著《从古典经济学派到马克思》，是研究西方经济学和马克思主义经济学必读的重要著作。

甘景镐：
高分子学科创始人

甘景镐（1915—1991），教授、著名的高分子化学家和生漆化学专家。祖籍福建屏南，出生于福建福州。其旧居在福州三坊七巷的塔巷38号，据说他是清代戍台名将甘国宝的第六代裔孙。

他毕业于福建协和大学化学系、英国曼彻斯特医学研究院。民国时期，甘景镐先后在福建医学院和福建协和大学任教；1949年后在暨南大学、厦门大学、福州大学、福建师范学院任教授。福建师范学院改名福建师范大学后，甘景镐担任化学系主任、教授、高分子研究所所长。他还担任国家科委海洋学组顾问、中国环境学会理事、中国海洋化学学会副理事长、中国林业化学学会常务理事会顾问、中国化学会理事，福建省科协秘书长、福建省海洋学会副理事长和福州市科协主席、福建省政协委员。

甘景镐是我国著名的生漆化学专家，原商业部西安生漆研究所（1980年改为西安生漆涂料研究所，为中华全国供销合作总社直属事业单位）技术顾问暨《中国生漆》杂志的主编。1982年他担任《中国生漆》杂志（创刊）主编以来，对杂志的编辑管理、质量与学术水平、出版及发行工作等倾注了大量心血。

甘景镐长期从事生物化学和天然高分子化学方面的研究工作，其生漆化学、褐藻胶化学方面的研究成果，分别获得1978年全国科学大会成果奖和福建省科学大会成果奖，还被评为全国科学大会先进工作者。他曾经先后两次参与国家科技12年远景规划和10年科学规划的制订工作，其所提出的"特种天然高分子"攻关项目被列入规划，福建师范大学高分子研究所被确定为该国家级攻关项目的负责单位。

他在高分子化学领域研究成绩卓著，论著颇多，并培养了一批科学家和科研技术骨干，为推动我国生漆生产和科技工业的发展作出了巨大的贡献。其专著有《生漆化学》《工业化学》《工业化学实验》《医学中的化学》《普通化学》《紫外线与高聚物》《天然高分子化学》《嵌段与接枝高聚物》等30余种。此外，发表论文100多篇，科普与评论文章300多篇。其著作《医药中之化学》1937年在商务印书馆出版。

郑作新：
现代鸟类学奠基人

郑作新（1906—1998），教授，鸟类学家，中国现代鸟类学的主要奠基人、动物地理学的开拓者。福建长乐（今福州市区）人。

他19岁不到就毕业于福建协和大学农科生物系，后留美。20岁、23岁时分别获美国密歇根大学硕士和科学博士学位，还获颁金钥匙奖（美国大学研究院奖励学生的最高荣誉）。归国后先后被母校聘为教授兼系主任、教务长、理学院院长。他开展当时在我国尚属空白的鸟类研究，论著不少。他也是动物地理学的开拓者。战后被美国国务院文化司聘为客座教授赴美讲学，后任南京编译馆自

首次以中国人郑作新命名的四川短翅莺（图片取自郑作新所编教科书）

然科学编纂、国立中央大学教授。1950年,郑作新参加中科院动物研究机构的筹建,1979年担任世界雉类协会会长,1980年当选为中科院学部委员(院士),1984年当选为中国动物学会理事长。郑作新的科研成果多次获重奖。他发现的四川短翅莺,是首次以中国人郑作新命名的鸟类新种。

郑作新的很多著作被译成英文、德文、俄文在海外出版,在国际上享有盛誉。其主编的《中国经济鸟类志》被美国商业部翻译并制成了缩影胶印本广泛发行。其论著《生物学实验指导》由商务印书馆出版发行,作为实验教材广受欢迎而不断再版。

高士其：
身残志坚 科普旗手

高士其（1905－1988），一级研究员，中国著名科学家、科普作家和社会活动家，中国科普事业的先驱和奠基人。原名高仕錤，乳名贻甲，福建闽县（今福州市区）人，家住福州鳌峰坊。

清华大学毕业后，高士其赴美国留学，获美国芝加哥大学化学硕士学位。接着，他又到芝加哥大学医学研究院攻读细菌学博士学位，因细菌试验意外事故致残，学业中辍。高士其于1931年回国，历任中央医院检验科主任、桂林东南盟军服务处技术顾问兼食品研究所所长，还担任《自然科学》杂志副主编。

高士其在1934年开始发表作品。他的科普作品，尤其以细菌生活为题材的作品，脍炙人口，成为科学内容和文学形式融洽结合的典范。自20世纪30年代以来，高士其创作了大量的科普作品和科学诗。高士其的文章别具一格。其突出的特点是融科学、文学与政论为一体，议叙结合又通俗易懂，形象生动且富有见地，每篇文章都能引人入胜。

他从1935年起拿起笔来为当时艾思奇主编的《读书生活》半月刊撰写科学小品，文章发表时均署名"高士其"。朋友们问起改名的动机时，他解释道："扔掉'人'旁不做官，扔掉'金'旁不要钱。"后经李公朴介绍，他认识了正在倡导"科学大众化运动"的著名教育家陶行知，应陶行知先生的邀请与戴伯韬、董纯才等一起编写"儿童科学丛书"。

抗日战争全面爆发后，高士其在艾思奇的影响下，决心奔向延安参加抗日救亡斗争。在兵荒马乱、身残多病的情势下，他克服了重重困难，花了近一个月的时间，才从上海、南京、汉口、郑州一路辗转来到了古城西安，并于1937年11月25日到达革命圣地延安。高士其是投奔延安参加革命的第一位留美科学家，同时又是一位在国内声名鹊起的文化名家，因此备受关注和欢迎。毛泽东、周恩来等领导人分别接见了他。组织上很快就安排他到陕北公学担任教员，还专门派了一名红军战士担任他的护士兼秘书。高士其积极向党组织靠拢，于1938年12月被批准为中国共产党预备党员，毛主席专门祝贺并勉励他。1939年1月，高士其正式加入中国共产党。

中华人民共和国成立后，高士其历任中国科学技术协会常委、中国科普创作协会名誉会长、中国科普创作研究所名誉所长等职，并担任过中国微生物学会理事、中国作家协会理事、中国文联全国委员会委员、中国残疾人福利基金会理事和中国人民保卫儿童委员会委员，他还是第一至第六届全国人民代表大会代表。

半个世纪以来，高士其在全身瘫痪的情况下，写下了数百万字的科学小品、科学童话故事和多种形式的科普文章，并在科普创作理论和推动我国科学普及事业上作出了杰出的贡献。他引导了一批又一批青少年走上科学道路，被亲切地称为"高士其爷爷"。

高士其逝世后，中组部追认他为"中华民族英雄"，国际小行星命名委员会也将3704号行星命名为"高士其星"。

傅衣凌：
社会经济史学鼻祖

傅衣凌（1911—1988），教授，中国历史学家，中国社会经济史学主要奠基者之一。原名家麟，笔名休休生，福建福州人。

北京大学人文社会科学研究院"典范"专栏评介：时移世易中范式不断转变，但研究的典范永远可以启发后来者，其虑深远，其文或彧。"典范"栏目选取老一辈学人的经典研究"示来者以轨则"。傅衣凌先生是我国社会经济史的主要奠基人、著名明清史学家。《中国传统社会：多元的结构》[①]是傅先生的一篇遗作，某种程度上，本这篇文章文是其一生学术工作的总结。傅先生在文中论述了中国传统社会生产方式、控制体系、文化思想等方面的多元性，以及明清以降，中国社会，尤其是发生在经济领域的重大变化。傅先生是著名的"资本主义萌芽"理论的代表学者之一，但傅先生在文中同时也指出，明清时期中国没有实现向资本主义的历史性飞跃，乃受制于中国传统社会的多元结构。

可对于为如此著名的学人及其论著，大多数人都感到陌生，甚至是在

---

①该文原刊于《中国社会经济史研究》，1988年第3期。

他的福州故乡。其实傅衣凌学识渊博，是一个伟大的平凡人，在国际汉学界已赢得很高声誉，先后被英国剑桥出版社和美国传记学会列入《世界名人录》《世界5000名人录》和《世界杰出领导者指南》。"傅衣凌以探究中国封建社会长期迟滞问题为核心，集中研究明清社会经济史，发展了社会史和经济史相结合的治学风格，建立了从研究新、旧两种因素的矛盾变化来把握社会经济的实质和把社会经济构成和阶级构成、阶级斗争联系起来考察的基本构架，提出中国封建社会弹性论、乡族论、中国资本主义萌芽论等比较系统的见解。"首先，傅衣凌对中国社会经济史领域，尤其是明清经济史研究提出了许多独到的见解，形成他治史的特有方法和独特风格。其次，傅衣凌通过对中国商人和商业资本的研究，特别是对海商等区域性商业集团的细致研究，在揭示中国封建经济的发展规律方面卓有贡献。第三方面，是对资本主义萌芽问题的研究。1947年，傅衣凌在中国首次提出手工业中的资本主义萌芽问题。他是我国最早从事资本主义萌芽问题研究的学者之一。

傅衣凌出生在福州的一个钱庄主家庭，年轻时曾就读于福州左海中学（与邓拓是同学）、马尾海军艺术学校，后转入福州第一高级中学，1929年入私立福建学院经济系，因喜好历史于1930年转入厦门大学历史系。1933年，他在《现代史学》发表《秦汉的家族》等文章，开始步入史坛而引人注目。毕业后于1935年到日本继续深造，入法政大学研究院学习社会学。1937年夏回国后即投入抗日救亡运动。1941年开始，先后应聘到福建协和大学、（南平）省立师范专科学校任教。1946年任福建省研究院社会科学研究所研究员兼文史组组长。1947年加入中国民主同盟。

1950年回厦门大学，历任历史系主任、历史研究所所长、副校长；1960年，他在厦门大学建立中国大学历史系第一个中国社会经济史研究室。他是《厦门大学学报》（哲学社会科学版）主编、《中国社会经济史研究》主编，厦门大学文科学术委员会主任、古籍整理委员会主任、博士生导师，还兼任中国科学院历史研究所研究员、日本京都大学人文科学研究所客座教授。傅衣凌和韩国磐先生是厦大历史系的两块招牌，在国外学者心目中的学术地位十分崇高。晚年他因身体不好常常住在医院，国外学者就到医院去拜访他，并将这种拜访称为"朝圣"。

1980年，傅衣凌加入中国共产党。他是第五、六届全国政协委员，中国民主同盟中央委员、中央参议委员会委员、民盟福建省副主任委员；中国史学会理事，中国经济史学会副会长；福建省社会科学联合会副主任、顾问，福建省历史学会会长。1988年5月14日，逝世于厦门。

主要著作有：《福建省农村社会经济参考资料》（1942）《福建佃农经

济史丛考》（1944）《明清时代商人及商业资本》（1956）《明代江南市民经济初探》（1957）《明清农村社会经济》（1961）《明清社会经济史论文集》（1982）《明清福建社会与乡村经济》（与杨国桢共同主编，1987）《中国通史参考资料》第 7 册（主编，1988），还有《明清社会经济变迁论》《明清封建土地所有制论纲》《傅衣凌治史 50 年文编》等。其中《明清社会经济史论文集》于 1982 年由商务印书馆出版。

陈可冀：
中西医结合的奠基者

陈可冀（1930—），福建福州人。医学家，中医及中西医结合临床学家，中国科学院院士，中国中医科学院首席研究员，博士研究生导师，首批国家级非物质文化遗产项目中医生命与疾病认知方法代表性传承人。

1954年毕业于福建医学院（今福建医科大学）医疗系，留校任助教兼任附属医院内科住院医师，两年后转入中国中医研究院。从1963年起，历任中国中医研究院西苑医院内科主治医师、副研究员、研究员，1978年任西苑医院心血管病研究室主任。1991年当选为中国科学院学部委员（院士），1998年任中国科学院生物学部副主任（2004年至2008年，为中国科学院学部主席团成员）。2021年3月，任省部共建中医湿证国家重点实验室、广东省中医药科学院学术委员会主任。他还是世界卫生组织传统医学专家咨询团顾问。

陈可冀精研中医经典著作，长期从事中西医结合心脑血管病及老年医学研究，形成了自己独到的治疗心血管疾病特别是冠心病的临证医学体系和学术经验特色。他的研究成果两次荣获国家科学技术进步奖二等奖、一次获一等奖。他曾主编《中国中西医结合杂志》，发表研究论文300多篇，专著有《血瘀证与活血化瘀研究》等10多部，其中《中国养生学精粹》（与周文泉合作）《中国传统养生学精粹》分别由香港商务印书馆、台湾商务印书馆出版发行。

陈可冀悬壶济世70载，不但医术高明，而且医德高尚，深受患者的敬慕和爱戴。他因此获得吴阶平医学奖、首届中医药国际贡献奖和中医药传承特别贡献奖。他还是国家级全国中医药杰出贡献奖、全国杰出专业技术人才和"国医大师"荣誉称号的获得者。

著名临床肾脏病专家陈香美院士对陈可冀的评价极具代表性："陈可冀是中西医结合领域的领军人物，在中西医结合医学领域发挥重要的引领作用。作为中国中西医结合事业的奠基者和开拓者，其治学精神和大师风范，仰之弥高，钻之弥坚。"

高名凯：
著名理论语言学家

高名凯（1911—1965），教授，福建平潭人。他是著名理论语言学家、汉语语法学家和文学翻译家，与王力、吕叔湘齐名。

高名凯出生于福建省平潭县苏澳镇土库村的一户渔民家庭，谁也不曾想到这位名不见经传的常常光着脚丫在海滩上行走的海岛孩子，几十年后竟成为中国语言学和语法学大师。他10岁入平潭开宗小学，12岁跟随堂兄高诚学到福州省城，就读于福州进德小学、福州英华中学小学部和英华中学。他天赋好，从小就懂事，学习十分刻苦，读书成绩均名列前茅。1931年秋考取燕京大学，1935年毕业后又升入燕京大学研究院哲学部学习。次年，受燕京大学派遣赴法留学，在巴黎大学专攻语言学，获博士学位。归国后回母校，担任燕京大学国文系教授，后任北京大学中文系教授、语言研究所学术委员会委员、《中国语文》编委等职。

在20世纪50年代以前，高名凯主要从事汉语语法这一方面的学术研究；之后，主要研究方向则转为普通语言学理论方面。他早在1941年就汉语无语法的错误见解予以批驳，提出汉语语法是在结构里，在词的功能上表现出来。他关于语法是研究关系、研究结构形式的学术观点，已为大多数学者所接受而成为语法研究中一条重要原则。这是他在汉语语法研究方面的重要贡献。他的《汉语语法论》（1948年出版），与王力的《中国现代语法》《中国语法理论》和吕叔湘的《中国文法要略》，同为20世纪30年代中期以后汉语语法研究的最重要著作。在语言理论方面，高名凯同样花费了大量的时间与精力。他不遗余力地介绍西方语言学理论，对中国20世纪语言学作了许多具有引领作用的创造性研究，为中国现代语言学的开拓与发展作出了重要贡献。总而言之，高名凯在探索汉语语法理论、语言学理论及培养我国理论语言学人才这三个方面成就突出。

　　高名凯刻苦勤奋，严于律己，一生致力于学术研究，不但在语言学方面，还涉猎哲学、文学等几个领域。他著述宏富，包括专著（含与人合作）18部，语言学译著6部，语言学文章80多篇，还有哲学著作和译著，如《现代哲学》《哲学大纲》《巴尔扎克传》（与吴小如合译）。商务印书馆出版其著作有：《普通语言学教程》（译著）、《语法理论》《英语常用词汇》（与刘正埮合作）、《高名凯语言学论文集》《汉语语法丛书：汉语语法论》等。

陈元晖：
奠基东北教育学科

陈元晖（1913—1995），教授、博士生导师，中国现代心理学家、哲学家和教育学家，福建福清人。

曾经就读于福清融美中学（福清三中前身）初中部和福建省立师范学校，1936年以福建省高中会考状元身份被国立中央大学录取。抗日战争全面爆发，中央大学迁往重庆。1938年5月，在重庆参加中国共产党。毕业前夕的1940年，由组织安排赴延安，任《中国青年》杂志编辑和中央研究院教育研究室研究员。1945年抗战胜利后，陈元晖随部转赴东北。1947年担任新成立的哈尔滨大学副教务长兼教育系主任、实验小学校长。1949年调入东北大学（东北大学是1946年中国共产党在东北地区创建的第一所综合性大学，1950年易名为东北师范大学，隶属于教育部），任教育问题研究室副主任兼图书馆馆长，积极为后来教育系的建立和教材建设奠定基础。1951年，东北师范大学成立教育系，陈元晖任系主任。他在任上创设东北师大附中，并兼任校长全面负责附中的筹建工作。陈元晖为东北地区教育及其学科发展作出了卓越的奠基性贡献。他的名言"附中教师要做教育家，不做教书匠"，一直被历代附中人奉为圭臬。

1954年，陈元晖调到北京人民教育出版社，任教育编辑室主任。同年，参加筹建中央教育科学研究所。中央教育研究所成立后任研究员，参加教育史组研究。1961年起，历任高等学校文科教材机构教育组组长、《中国现代教育史》主编、中国社会科学院哲学研究所研究员、中国社会科学院研究生院哲学系教授、国务院学位委员会学科（教育）评议组成员、中国社会心理学会创会理事长兼任《社会心理研究》主编、中国教育学研究会理事长、中国社会科学院研究生院博士生导师。他还是《中国大百科全书·心理学卷》副主编兼教育心理学分卷主编。

陈元晖深沉的家国情怀和对教育学的执着探索，为他的教育学事业树起了一座丰碑。他认为没有"没有哲学"的教育学，也没有对人们不发生教育作用的哲学，还强调要以心理学研究来推动教育学研究，等等。他博闻强识，具有广阔的学术视野，在哲学、心理学方面，也同样取得了令人瞩目的成就。著有《实用主义教育学批判》《论冯特》《中国现代教育史》《王国维与叔本华哲学》《马赫主义》《马赫主义批判》《反动的哲学流派——马赫主义》等，其中《马赫主义》(1963)、《马赫主义批判》(1963)、《反动的哲学流派——马赫主义》(1972)由商务印书馆出版。

吴 宪：
中国营养学之父

吴宪（1893—1959），教授。秀才出身，字陶民，福建侯官（今福州市区）人。中国生物化学、营养学等领域研究的先驱，中央研究院院士。其子吴瑞，中国台湾"中央研究院"院士、中国工程院外籍院士、康奈尔大学教授、著名的分子生物学家，DNA测序、基因工程、生物技术领域的开拓者之一。

他出身于福州的一个官宦家庭，也是书香门第。1906年就读于全闽高等学堂（现福州第一中学的前身）预科班，1911年通过庚子赔款留美考试赴美留学，入麻省理工学院学习海军造船工程专业，后改专业为主修化学，副修生物学。大学毕业获得学士学位后被哈佛大学研究生院录取，从师于奥托·福林研究血液化学。1919年获得博士学位，又随福林从事博士后研究。期间，他独自完成了血糖定量分析的改进方法，大大推进了后来的胰岛素的发现。

1920年春应聘回国，任北京协和医学院生理化学助教。1921年起，历任襄教（相当于讲师，主持生理化学的教学工作）、襄教授（越级）、生物化学科主任（成为该校第一位中国籍也是当时最年轻的科主任，以及最早的中国三教授之一,另两位是林可胜和刘瑞恒)、教授,直到1942年1月协和医学院被日军占领解散。

在协和医学院工作时期,尤其是1924年担任科主任以后,吴宪的学术研究达到巅峰。他在协和医学院完成了许多研究项目,将其带领的本学科发展成生物化学的重要基地。此外,1938年根据当时国民经济情况,他主持制定了中国国内第一个《中国民众最低限度之营养需要》标准。他还参与创办《独立评论》杂志,并以"涛鸣"为笔名,在该刊上先后发表过13篇文章,针对当时形势、社会文化等问题发表个人见解。

1942年1月协和医学院被日军占领解散,吴宪被迫回到家中。两年后,他秘密前往重庆,参与中央卫生实验院营养研究所的筹组工作,并赴美参与研究战后经济恢复与重建的会议。1946年夏,吴宪负责筹建中央卫生实验院北平分院,并任院长,同时继续兼任营养研究所所长。1948年他当选为中央研究院第一批院士,作为访问教授赴美国哥伦比亚大学进行研究工作。后因突发心肌梗死而辞职退休,定居于波士顿直至去世。

吴宪是首次在世界上提出蛋白质变性机理的人。在临床化学、气体与电解质的平衡、蛋白质化学、免疫化学、营养学以及氨基酸代谢等领域的研究居当时国际前沿地位,并为中国近代生物化学事业的建立和发展作出了奠基和开拓的工作。他不仅是中国的生物化学和营养学之父,更是第一位获诺贝尔科学奖提名的中国科学家。美国学者里尔顿·安德森将他誉为"中国化学的巨人"。

其著作《营养概论》1929年在商务印书馆出版发行。

侯德榜：
科技泰斗　士子楷模

侯德榜（1890—1974），化学家、化工专家。名启荣，字致本，福建闽县（今福州市区）人。中国科学院院士、侯氏制碱法的创始人，中国重化学工业的开拓者，近代化学工业的奠基人之一，也是世界制碱业的权威。

侯德榜出生于闽县南台坡尾村（今福州市台江区宁化街道），曾就读于福州英华书院和上海闽皖铁路学校。1911年考取清华留美预备学堂，以10门功课1000分的特优成绩，创下清华园的一个奇迹，被誉为"千分学子"。1913年公费留美，先后获麻省理工学院化学学士、哥伦比亚大学化学硕士、博士学位。1921年应爱国实业家范旭东之邀，回国出任天津永利制碱公司技师长。侯德榜为振兴民族工业历尽艰辛，终于突破氨碱法制碱技术的奥秘，从而打破外国独家企业70多年的技术垄断，主持建成亚洲第一座纯碱厂，制成中国"红三角"牌优质纯碱。该纯碱获美国费城万国博览会和瑞士国际商品展览会金奖，享誉全球。

1932年侯德榜用英文撰写的第一部学术巨著《纯碱制造》在美国出版，从此揭开了索尔维制碱法的神秘面纱，在世界化工界引起了极大的反响。之后，他同范旭东作出发展氨、酸工业的决定。以"只知责任所在，拼命为之而已"（摘自侯德榜书信）为信念，侯德榜克服重重困难，1937年初在南京领导建成了中国第一座规模宏大、工艺设备先进、技术在亚洲首屈一指的合成氨、硝酸、硫酸和硫酸铵的联合化工企业，奠定了我国化学工业的基础。

抗战爆发后，他与范旭东率领员工把南京、天津工厂设备搬迁到四川，并在1941年成功发明联合制碱新法，即"侯氏制碱法"。次法制碱成本比索尔维法降低40%，技术跃居世界领先水平。抗战胜利后，侯德榜继任永利化学工业公司总经理，立即组织恢复永利塘沽碱厂与南京铔厂的生产。由于在科技上的卓越成就与突出贡献，侯德榜获中国工程师协会首枚荣誉金牌、哥伦比亚大学一级奖章、英国皇家学会化工学会名誉会员等殊荣，当选为中央研究院院士。

1949年7月，正在印度指导化工建设的侯德榜，得知中央领导希望与他共商国家大计，十分激动。他迅即辗转回京，受到毛主席、周总理的专门接见，并参加了9月召开的中国人民政治协商会议，当选为全国政协首届委员。之后，历任国务院重工业部技术顾问、化工部副部长，当选为中国科学院首批学部委员（院士），中国科协副主席，中国化学学会、化工学会理事长，还是第一至第三届全国人大代表和第二至第四届全国政协常委。1973年获美国机械工程学会50年荣誉会员称号。

1962年，他建议和指导的对联合制碱新工艺继续进行补充试验和中间试验，实现了工业化，成为中国生产纯碱和化肥的主要方法之一。至此，侯德榜一生在化工技术上实现了三大贡献：一是揭开了索尔维制碱法的秘密；二是创立中国品牌"侯氏制碱法"新技术工艺；三是为发展小化肥工业提供了新路径。侯德榜被尊为"科技泰斗，士子楷模"。

侯德榜一生研究成果颇丰，学术著作达250多万字。他与竺可桢、高士其、茅以升、钱学森、李四光、华罗庚等还是《科学大众》的撰稿人、栏目主持。《科学大众》杂志是上海交通大学学生于1937年在上海发起创办的，1951年移交由商务印书馆出版。

王绶琯：
始于兴趣　忠于使命

王绶琯（1923—2021），中国科学院院士，天文学家，福建福州人。他是中国现代天体物理学的奠基者之一、科普教育专家，博士生导师。

他年幼丧父，由叔父抚养成人。1936年考入马尾的福州海军学校（其前身为左宗棠在洋务运动时创办的船政学堂），先学航海，后转造船，抗战爆发后随海军学校被迫迁移到重庆。在重庆毕业后，1945年他考取公费留学资格赴英国留学，在英国皇家格林尼治海军学院造船专业深造。然而，此时他对造船已不感兴趣，将自己的大部分业余时间都投入到了天文学上。大学毕业后，王绶琯便来到格林尼治天文台，先后在老台长格里高利、新台长艾伦教授的帮助和指导下快速成长，并奠定了其一生研究的天体物理学方向。1950年，王绶琯被聘为伦敦大学天文台助理天文学家。

1952年的一天，王绶琯在伦敦收到来自国内的一封信，写信人是时任南京紫金山天文台台长张钰哲。张、王二人都是福州老乡，虽素未谋面，王绶琯则为"信中他毫无质疑地把我视为共赴祖国天文建设的同道"而感动，遂下定决心回国。1953年，王绶琯克服重重困难回到祖国，三十而立的他，终于"报国有门"。王绶琯先后就职于中国科学院紫金山天文台、上海徐家汇观象台、北京天文台。历任中国科学院北京天文台研究员、台长、名誉台长、中国科学院数学物理学部副主任、主任，还当选为中国科学院学部委员（院士）、国际欧亚科学院院士。他是中国天文学会第十二届理事长、中国天文学会第十三至第二十届名誉理事长，第五、六、七、八届全国人大代表。

王绶琯回国后，曾先后组织进行并完成"提高时间精确度"的科研攻关任务，负责创建北京天文台射电天文学的研究，完成了密云米波综合孔径的建设（其功能及学术贡献在国际同类开拓中占有一席之地）。1978年，中国的科学事业开始回归正轨，王绶琯负责中国科学院天文学部分的科学布局，提出了"第二代者承先启后，以观测基地与研究队伍之创建为务，期欲在第三四代置我国天文学于世界之林"的构想，开始谋划追赶世界前沿。王绶琯一生对中国天文，特别是射电天文作出了卓越贡献。为此，1993年由紫金山天文台发现的国际编号为3171号的小行星被命名为"王绶琯星"。

王绶琯十分重视青少年的科学普及工作，首倡建立"北京青少年科技俱乐部"，并与60位院士和知名专家联合发出《关于开展首都青少年科技俱乐部活动的倡议》。他还是科普杂志《科学大众》（1951年开始由商务印书馆出版，1966年停刊）的撰稿人，《科学大众》复刊后的编委之一。

高　鲁：
现代天文学奠基人

高鲁（1877—1947），中国天文学家、现代天文学的主要奠基人。字曙青，号叔钦，福建长乐（今福州市区）人。他还是天璇式中文打字机的发明者。

他是位于福州马尾的船政学堂驾驶专业第16届毕业生（1900—1905，学生名册署名"高叔钦"），后留学比利时布鲁塞尔大学，获工学博士学位。他是中国同盟会会员，辛亥革命后任南京临时政府秘书兼内务部疆理司司长，参与接收清政府的钦天监，出任中央观象台首任台长。他首先建立历数、天文、气象和地磁四个研究方向，使中央观象台成为名副其实的观象机构。这不仅是天文观测内涵的变革，也是其外延的拓展。此举开创了我国气象学和地球物理学观测研究的先河。1913年，高鲁创办《气象月刊》，普及气象学和天文学知识。1922年他发起成立中国天文学会并任首任会长；1927年主持筹建南京紫金山天文台。他为中国天文事业呕心沥血，贡献出自己所有的力量。

高鲁后来历任中央研究院天文研究所所长、驻法公使、监察院监察委员、闽浙监察使等职。在领导岗位上30多年，他克己奉公，认真做事。他严于律己，为官洁身自好，就如同摆放在自己办公桌上的那块方形石章镌刻的座右铭一样——"清白"。

商务印书馆出版其著作有：《空中航行术》《最近欧洲外交史》等。

李俨：
中国科学史开拓者

李俨（1892—1963），研究员，历史学家、古代数学史研究专家、中国科学史事业的开拓者，中科院学部委员（院士）。号乐知，福建闽县（今福州市区）人。

1912年，李俨考入唐山路矿学堂（今西南交通大学）学习土木工程，与茅以升、杨杏佛、黄寿恒等同窗。次年，因父亲病故家里无力供其继续上学，李俨考入了当时的陇秦豫海铁路局（即陇海铁路局前身）从事工务工作。他克服种种困难，边工作边自学，终于完成了自己未竟的大学教育。这期间，学友茅以升对他学习的帮助最大，但李俨的求学精神对茅的影响至深。多年后茅以升曾说："我在少年时代，治学是罗忠忱教授引路，而自学乃是由李乐知（李俨）友引路。良师益友，使我受益良多，实为人生之大幸。"

他在陇海铁路系统持续工作了40余年，在工程施工专业测量、铁道定线实际技术方面成就最大，屡受表彰。他逐渐成为资深的铁路工程师，是该局的副总工程师和总段长。但他在工作之外，把毕生的精力都投入到中国数学史的研究之中。他白天努力工作，晚上在野外工地密闭的帐篷里、昏暗的油灯下，孜孜不倦地研究中国数学史。历史资料的查找十分费劲，耗费的时间又反反复复，这是常人所无法承受的。但是李俨从不叫一声苦，40多年如一日地刻苦钻研，终于成为蜚声海内外的这一学科的开拓者和重要奠基人。《梅文鼎年谱》（梅文鼎，中国古代具有世界影响的科学家，被称为"清代著名历算大师"）就是李俨在这种环境中写就的，实属不易。

竺可桢、李俨、习泽宗与苏联学者在莫斯科合影留念（1959年）

20世纪50年代，他被聘为西北大学的兼职教授，经常参加西北大学举行的学术与教学活动，并指导数学系教师研究中国古代数学史。1955年，李俨奉命由陇海铁路局调入中国科学院自然科学史研究室（研究所的前身），担任一级研究员、主任，成为这一方面的首位学术掌门人。同年他还被推选为中国科学院哲学社会科学部学部委员（后改称院士）。今天的中国科学院自然科学史研究所内设有李俨图书馆，李俨生前收藏的数学史典籍都捐献在此，包括中国古算书籍几百种，经、史、天、算、医和方志等方面的善本、珍本多种，其功绩令人钦佩。由于在中国科学史事业上所作的开拓性的成就，李俨曾获苏联科学院颁发的欧拉纪念章。

商务印书馆出版其著作有《中算史论丛》《中国算学史》《中国数学大纲》《铁道曲线表》等。

黄曾樾：
研究古埃及文化的福州市市长

　　黄曾樾（1898—1966），教授，著名的诗人、史学家，曾任福州市市长，字荫亭，福建长乐（今福州市区）人，祖籍福建永安，陈衍的弟子。

　　民国时期，年仅14岁的少年黄曾樾考入马尾的福州海军学校，后被公派赴法留学。他先入里昂工业专科学校学习土木工程专业，后到里昂大学文学院研究外国文化，获文学博士学位。他的博士毕业论文《老子、孔子、墨子哲学的比较》，在法国学术界引起不小的轰动，被里昂大学收录到《大学丛书》出版发行。在法国里昂读书时，黄曾樾与房东拍拉奢结下深厚的友谊，并结识了拍拉奢的外甥蓬皮杜（后任法国总统）。多年后法国总统蓬皮杜访问中国，他曾向周恩来总理打听起黄曾樾，只可惜黄曾樾早在数年前就已含冤去世。

　　黄曾樾学成归国后，历任京汉铁路工程师、北京女子师范大学教授、南京市政府社会局长、交通部秘书。抗战后历任后方勤务部编辑处少将副处长、福建省林森县（今闽侯县）县长、福州市市长、教育部督学等职。值得一提的是，1946年1月国民政府正式宣布设立福州市，福州从此才以"市"的身份面世，黄曾樾以首任市长的身份而载入福州史册（黄担任市长时间仅半年，同年 7 月由严灵峰接任。有人认为黄曾樾仅为代市长）。1952 年以后，他在福建师范学院（福建师范大学的前身）任中文教授。1978 年 9 月 29 日，福建师范大学为黄曾樾平反昭雪。

　　黄曾樾学识渊博，工诗文，陈衍在《石遗室诗话》中对他有不少赞语。他热爱中外文化遗产，对古埃及文化尤有研究，是中国研究古埃及学的第一人。1940 年，其研究古埃及学的力作《埃及钩沉》由商务印书馆出版发行，书上刻印"荫亭秘笈"。

程树德：
近代法律史奠基人

　　程树德（1877—1944），举人出身，教授，著名的法律史学家，中国近代法律史学科的主要奠基人，字郁庭，福建侯官（今福州市区）人。

　　程树德早年留学日本，就读于政法大学法律科。在日期间，他积极参加爱国运动，与林白水、林宗素兄妹、林志钧等在拒俄运动中得到了磨炼。回国后经廷试被赐予法政科进士出身，授翰林院编修，成为"洋翰林"。他曾任私立福建法政学堂教务长、国务院法制局参事和帮办，以及担任北京大学、清华大学讲师、教授。他是北京大学法科最早一批的讲师之一。

　　程树德学富五车，著述宏富。他一生主要从事国际法、宪法、中国法制史研究。他的《九朝律考》与沈家本的《历代刑法考》共同为中国近代法律史学的诞生奠定了基础。《九朝律考》（1927）是程树德平生最为重要的著作之一。此著以十年之功而编成，凡20卷约30多万字。书从古籍中搜罗公元前2世纪起至公元后7世纪间历代已经散失了的法律、科令、格式、刑名和相关资料，并作了综合考证与论述。他晚年研究《论语》，不但深入浅出，而且独辟蹊径形成自己的特色。他生平最后一部重要著作《论语集释》40卷，是在"目难睁不能视，手颤抖不能书"的情况下，抱病口述由亲属笔录，耗9年之功，才于1943年成书面世。

林可彝：
马列主义的传播者

林可彝（1893—1928），革命烈士，中国共产党早期的马克思主义传播者。原名瑞鼎，字可彝，福建罗源人。

他出生于望族家庭，早年就读于私立福建政法专门学校，受校长林长民等民主思想的影响很大。他胸怀救国救民之志，毕业后留学日本早稻田大学、明治大学，以及苏联莫斯科东方大学，开始研究马列主义，追求革命真理。1923年，林可彝在苏联加入中国共产党，成为我党早期的马克思主义传播者。

1925年李大钊抽调其从苏联回国。他先在北平的大学任教，向学生系统地传授马克思主义知识。1927年，他又奉调武昌任中山大学教授，在董必武的直接领导下开展工作，成为中山大学党的负责人之一。同年，他参与了叶挺将军组织的武汉保卫战，担任湖北嘉鱼县的法官和县长。接着，他组织发动中山大学学生掀起反对军阀屠杀武汉人民的斗争，遭到当局的逮捕。1928年1月4日，林可彝英勇就义于武昌，时年35岁。

他是中国共产党早期的马克思主义的主要传播者之一。除了在学校积极向青年学生传播马克思主义外，他还利用报纸、杂志等媒体向广大民众

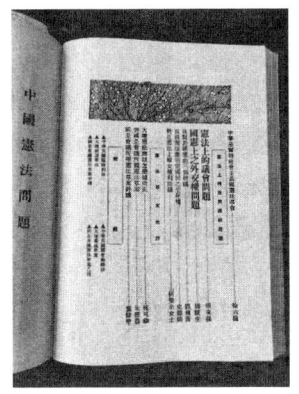

《东方杂志》书影

介绍社会主义学说。他曾在《今日》《晨报》《自治周刊》和商务印书馆的《东方杂志》等 10 多种刊物上发表了数十篇宣传马克思主义的文章，产生了广泛的影响。

　　林可彝是笔者的堂叔公，小时候常听父亲说他的故事。长大后，中共地下党出身的大叔父时时也会向我们子侄辈提起他的堂叔林可彝，字里行间都流露出对信仰相同之长辈的仰慕之情，并为家族中出现的革命先行者而倍感骄傲。感谢商务印书馆在百年前坚持"教育普及，学术独立"的出版方针，使林可彝的多篇论文得以公开传播，让笔者今日有幸与长辈在书中邂逅，这不能不说是冥冥之中的一次安排吧。

何振岱：
"同光体"闽派之殿军

何振岱（1867—1952），清末举人出身，诗人、画家、古琴家。字梅生、心与，号觉庐、悦明，晚年号梅叟，福建侯官（今福州市区）人。其老宅位于福州仙塔街，故居则在三坊七巷的大光里。

何振岱擅画能琴，书法功力深厚，诗作成就亦高。他是"同光体"闽派诗人的殿军人物，以其深微淡远、疏宕幽逸的诗歌美学，在闽派中独树一帜。他一生著述甚多，桃李满天下。

早年受业于名儒谢章铤（进士出身，福州致用书院山长，官内阁中书），1906年入聘为江西布政使护理江西巡抚沈瑜庆的藩署文案，沈"与何辄有唱和，脱略形骸之外。何振岱到老每忆兹事，尤为神往"。[1] 1908年沈瑜庆遭人中伤被革职，正巧何振岱的好友柯鸿年（毕业于船政学堂，留法，曾任京汉铁路总办）在上海创办呢织厂，遂聘请何振岱担任文案兼家庭教习。1909年，何振岱在上海结识了同乡、同光体闽派首领、诗论家陈衍，两人一见如故，相见恨晚。何振岱对陈衍推崇备至，陈衍也对何振岱

---

[1] 赵麟斌主编：《闽文化的人文解读》，同济大学出版社，2011。

的诗赞赏有加，以致后来有人认为"何的成名，陈衍扬誉之力居多"。辛亥革命后，何振岱回到福州，担任《西湖志》总纂，参与编撰《福建通志》。1913年，何振岱和王允皙提议成立诗社"说诗社"，尊陈衍为社长。1923年，何振岱受老友柯鸿年之邀前往北京，在其家当教读。当时何振岱与陈宝琛过从甚密，颇具影响，自己名气也大，极重师承的文人视师从其门下为荣耀，故文人学子执贽所师见者众多。但是在京期间何真正认可的弟子只有两个，一个是魏怀（国民政府文官长，林森的密友），另一个是吴石（国民政府国防部参谋次长）。1936年底，何振岱回到福州，"一面以诗文自遣，一面广为授徒，人们皆以入何门为荣"。1949年后，何振岱任福建文史馆名誉馆长，直至1952年12月病逝。

商务印书馆的《东方杂志》"文苑"栏目是张元济、高梦旦、李宣龚辟予传统诗词耕作的一块"自留地"，也是清末民初宋诗派文人（即同光体诗人）的文化舞台。《东方杂志》在1915—1920年间发表了大量旧体诗作，影响不小，其中闽派福州诗人占据了很大的分量。其主要代表人物有陈衍、郑孝胥、陈宝琛，以及何振岱、沈瑜庆、李宣龚、林纾、陈懋鼎、高向瀛、王允皙、林志钧、郑孝柽等人。何振岱的诗文常被《东方杂志》"文苑"选登，由此以后才真正扬名全国诗坛。

陈懋鼎：
驻外使节 一代诗吏

陈懋鼎（1870－1940），清末进士出身，近代外交官、诗人与学者。字征宇，福建闽县（今福州市区）人，民国时期商务印书馆最后一任总经理陈懋解的长兄。陈懋鼎还是位于北京东城区东四北大街旧称马大人胡同的"槐楼"的创建者。

陈懋鼎出身于人称福州"螺洲陈"的书香门第之官宦世家。年仅9岁时他便写出名为《灯花》的诗："万紫千红外，别开一朵花。不愁风雨妒，春在读书家"，从此便以"神童"之誉在家乡闻名。

清光绪十五年（1889）乡试中举第一名，次年他与父亲、叔父一起赴京赶考，同中进士，时称"父子兄弟叔侄同榜进士"而轰动一时。在京为官期间，陈懋鼎致力于推动新政，支持变法维新，与林旭为好友。1898年参加康有为的保国会，参与起草《保国会章程》。他与张元济等一起创办通艺学堂（北京大学的前身之一），曾任宗人府主事、总理各国事务衙门章京、外务部榷算司员外郎（相当于副司长）、郎中（相当于司长，专管关税、商务、行船、财币、邮政及出使经费等），兼任储才馆提调（即馆长）。陈懋鼎在这个岗位为国家培养出不少外交人才。后出任济南道道尹、厦门道尹等职。辛亥革命后,他担任过国务院秘书、外交部参事和国会议员,在京经常参加陈宝琛、郭则沄等人组织的各类诗社活动。1940年,陈懋鼎病逝于北京。

作为清朝外交官,陈懋鼎曾出任驻英、驻西公使馆参赞,对西方政治、社会与文化有较深的了解。他当时非常大胆地上书光绪,恳求剪掉脑后的长辫子。他也由此成为清朝外交官中剪掉辫子的第一人。据张德彝(时任驻英大使)《八述奇》记载:"陈懋鼎作为参赞期间,经常跟随他出入白金汉宫、英外务部、西敏寺教堂、圣詹姆士宫,进行外事活动;这还不包括他本人受邀约,去歌剧院看戏,画廊看画展,茶艺馆品茶,参加当地名流举办的各种宴会等诸多事宜。"[①] 另有载,"张星使雅爱文字,交涉文牍悉委诸君,多所建白,征宇由是精通英语"。他出使英国期间最大的收获,是将100万字的世界名著《基督山伯爵》以文言文的形式首次翻译到中国,取名《岛雄记》。此书原委托商务印书馆出版,但因时局动荡,一直没有实现。直到2019年初,经过陈懋鼎后人的努力,这本历经一个世纪之久的《岛雄记》,才得以正式出版,终尝所愿。

陈懋鼎专研易经,译著诗文,是《东方杂志》"文苑"栏目的作者,享有"同光体后劲诗人"之称号。他的诗得到过陈衍、林旭等人的赞誉,李宣龚更是给予其"有直笔,有隐衷,不愧一代诗史"高度评价。

1905年春,驻英大使张德彝
发给陈懋鼎的回国护照

[①]代明:《陈懋鼎——将〈基督山伯爵〉翻译成中文的第一人》,《北京晚报》,2019年11月22日。

这是光绪三十一年二月，即1905年春，陈懋鼎驻外期满，驻英大使张德彝发给参赞陈懋鼎的一张回国护照。上写："大清钦差出使大臣张，为给发护照事，照得驻英参赞官外务部榷算司员外郎陈懋鼎三年差满，携眷而归，搭坐德公司普而生船，取道上海，转船回福建原籍，然后赴京供职。随带跟役一名，使女二人，大小行李共五拾贰件……"。陈懋鼎利用工作余暇翻译的《基督山伯爵》一书共94卷手稿，就放置在这随行的行李里，一并回国。

王允晳：
"同光体"闽派大诗人

王允晳（1867—1929），清末举人，"同光体"闽派著名爱国诗人。字又点，号碧栖，祖籍福建长乐（今福州市区），出生于福州马尾亭江。

他的祖父王有树，进士出身，官至四川夔州知府加道员衔；女儿王德愔，诗人，何振岱的入室女弟子，福州八才女之一；堂侄王宜汉，毕业于马尾船政学堂，曾担任福安县县长、国民政府主席林森的秘书，南京中山陵藏经楼碑廊中孙中山《建国大纲》"民生主义"部分为其所题写；堂侄孙王助，新四军驻福州办事处主任，革命烈士。

王允晳虽是宦家子弟，但从小好学，年少时就显露其文才，尤其是诗词方面。闽派诗人陈衍认为他"善于审曲面势，笔意力戒凡近"；李宣龚为其诗集作序，称他"意境高远，不可一世，是真能以少许抵人千百者"。

1900年5月，八国联军侵犯中国。诗人王允晳正好来到天津，目睹了帝国主义铁蹄下津门的惨状，悲愤之情溢于言表，于是写下这首苍凉凄壮又具有豪放风格的诗词——《甘州·庚子五月津门旅怀寄友》。后人评价，其以词形式来反映庚子之难，可以算是"史诗"了。

又黄昏、胡马一声嘶，斜阳在帘钩。
占长河影里，低帆风外，何限危楼。
远处伤心未极，吹角似高秋。
一片消沉恨，先到沙鸥。
国破山河须在，愿津门逝水，无恙东流。
更溯江入汉，为我送离忧。
是从来、兴亡多处。
莽武昌、双岸乱云浮。
诗人老、拭苍茫泪，回睇神州。

　　王允晳曾授福建建瓯教谕，后入奉天将军和北洋海军幕府，担任过安徽婺源（今属江西）知县。作为"同光体"闽派著名诗人，他在清末民初的诗坛上占有重要的一席之地。商务印书馆的《东方杂志》"文苑"栏目常有王允晳的诗作发表。

林志钧：
闽派诗人　哲学巨擘

　　林志钧（1879—1960），举人出身，教授，著名的闽派诗人、国学大师、佛学家、书法家、法学家和哲学巨擘。字宰平，号北云、唯刚，福建闽县（今福州市区）人。

　　他是北京大学中国古代文学专业博士生导师林庚教授之父。金岳霖、张中行、吴小如均为其弟子，也是沈从文的"伯乐"。他是梁启超的好友，亦是梁最佩服和敬重的人；他还是林徽因、梁思成的主婚人。

　　他在辛亥革命前留学日本，在东京帝国大学攻读法政和经济学。归国后，先后在北京大学、清华大学任教。他学养深湛，多才多艺，不仅精通专业所学，也精于国学、哲学、佛学、诗词、书画等，同时对社会及诸多领域都有广泛的接触。在思想和政治立场上，他与梁启超、蔡锷等人相接近，曾担任北洋政府司法行政部部长。他主持过尚志学会。该学会创于宣统二年（1910），以学术交流及推动改进社会事业为主旨，历办法政、职业、普通各类学校、医院及文化事业。

　　自1923年2月开始的民国思想文化之科玄论战，林志钧作为玄学派的主要人物之一，积极参与其中。他发表于《时事新报·学灯》的《读丁在君先生的〈玄学与科学〉》一文极具代表性，抨击了科学主义的酷似宗教的"排他"倾向，对"科学"和"科学的（方法）"进行了严格的区分，指出对艺术与人生固然可以使用科学的方法，但本身仍不是科学；批判丁文江的经验原则；捍卫张君劢关于"纯粹心理现象"的观点；具体谈了他对"科学与人生观的关系"的看法，他赞成"科学有益于人生观"，但却反对"人生为科学所支配"的观点；同时他表示相信科学，但是反对机械主义的"科学"。

1949年以后他担任国务院参事室参事。1956年，林志钧等18位国务院参事联名向周恩来总理汇报工作，直言统战工作存在偏差。这便是当年轰动一时的"十八参事上书"，为党内纠错提供了参考，反响很好。他还担任中国佛教协会第一、二届理事会理事。

他十分善于发现人才，提携后进，被称为了不起的"学界伯乐"。梁漱溟、沈从文、金岳霖、牟宗三诸大家的成长，都离不开导师林志钧。有人这样评价林志钧："对刚露头的晚辈，不仅不忌惮，还真心去捧。欣赏沈从文的作品，大加称赞，在他穷困潦倒时给他推荐工作，从此被沈从文视为'恩人'。鼓励金岳霖写书，曾经只有林宰平一人看好的《论道》成了经典。热心招待张中行，激发熊十力思考，给年轻人讲学问，结下不少知己。学界大咖云集，想要占领一席之地不容易。而林宰平少了'文人相轻'的小气，给自己的博学，配上了同等的心量。长年累月，他扶持过的人都成了各领域大家，林宰平的名字也被所有人铭记。"

他的书法造诣高深，十分了得，其章草刚劲清丽，极见功力。陈寅恪撰文的王国维墓志就是由他书丹。其遗著《林宰平先生贴考及书画集》由沈尹默先生题签、上海教育出版社出版。在论述北京大学书法史时，北大书画协会会长张辛教授曾经指出："北大历史上称得上书法理论家的屈指可数，似只有沈尹默、林宰平（志钧）诸公……"

林宰平有《帖考》《林宰平先生书画集》和诗集《北云集》等行世。其中《帖考》一书共四卷，共考辨丛帖22种，堪称现代考帖学经典之作。其遗作《北云集》的书名由陈毅元帅题签，沈从文题跋，由荣宝斋装帧（尚未正式出版）。熊十力的《新唯识论》上半部多是与林志钧讨论的记录。林志钧编译出版了40多种各类学科书籍，还是《东方杂志》"文苑"栏目的主要作者。

沈从文曾一语概括其导师林志钧的一生，曰："留学日本，习法政，却喜爱文学、艺术和中西哲学。回国后曾讲学于清华北大。解放后任职于国务院参事室。积学聚德，至老不衰。"

熊十力曾经说道："宰平为学首重分析，其术盖得之印度唯识法相，而亦浸染西洋逻辑。唯识之论,自唐以来,号为难究,宰平析其名相,详其条贯,辨其思想脉络,如大禹治水,千万流派源竟委,疏壅解滞……盖其中年后,思想渐由佛以归于儒。"[1] 熊十力的这段话可以说是对林志钧一生学术最好的定评。

1960年林志钧去世,其挽联中评价最高者曰:"德备清和,先生既圣;学究今古,当世几人。"这是性格狷介、才高不羁,骂过的政界学界名人无数(就连当时还处于政治巅峰的蒋介石也没放过)而颇得狂名的熊十力所题。林志钧成了熊十力唯一"不骂"而且赞誉的人。

林志钧书法

---

[1] 熊十力:《纪念北京大学五十年并为林宰平先生祝嘏》,1948年。

郑孝柽：
戛玉敲冰　诗篇留名

郑孝柽（1863—1946），清末举人，"同光体"闽派诗人；字稚辛，福建闽县（今福州市区）人，郑孝胥的胞弟。

1898年，南洋公学创办译书院，由张元济总理译书院事务兼总校，开始翻译国外教材供南洋公学教学使用。郑稚辛（孝柽）与孟森等为译书院正式聘任的编译、校订员。此后，他曾在中国驻日本神户总领事馆负责管理留学生事务。辛亥年他按签分（指古代抽签分配来安排官员的任职）出任浙江知县；民国初年出任安徽省政务厅厅长。20世纪30年代，郑孝柽闻其兄孝胥任伪满洲国总理，义愤填膺，杜门以明志。

郑孝柽的旧学功力十分了得。王允晳《碧栖诗词》有《昌江道中怀人》诗，称郑孝柽"往岁漳州有盛名，西崑才调匹难兄"。近代诗人陈衍在其《石遗室诗话》卷三中有表述，十分认同郑稚辛（孝柽）对其《扬州杂诗》的评价："七绝句少变平时声调，故知风物移人，此地最宜绝句诗，渔洋老人真君之成连哉！"

清末在北京西四牌楼附近有家叫砂锅居的饭馆（据说老店今尚在），以招牌菜砂锅白肉而称著。郑孝柽寓居京城时（他是北平京西卓定谋"自

郑孝胥书法

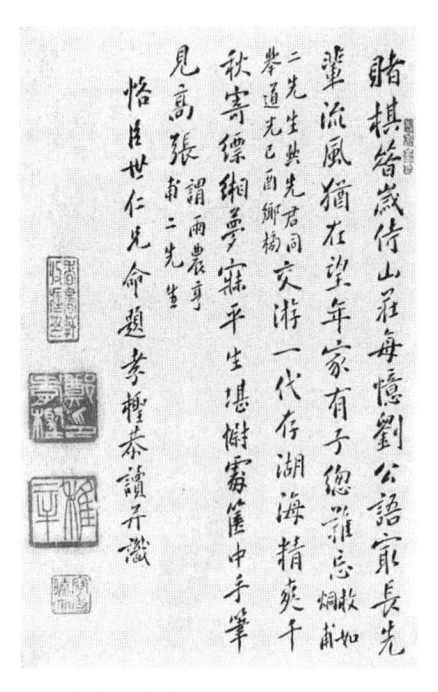

青榭"的常客），常来此处用餐，还为砂锅居题诗一首："花猪肥美胜珍馐，风尚来源自满洲；但使微臣能卜昼，未知肉食更谁谋。"这首七绝用了春秋时期的两个典故：一个是"卜昼"，典出自《左传·庄公二十二年》，齐桓公到敬仲家喝酒，很快乐，至晚，桓公命点起灯来继续喝下去。敬仲说："臣卜其昼，未卜其夜，不敢。"后来据此典故引申出成语"卜昼卜夜"，常用于形容夜以继日地宴乐无度，没有节制。另一个是"肉食"；典出自《左传·庄公十年》，刿曰：肉食者鄙，未能远谋。当时齐国要攻打鲁国，曹刿想为鲁庄公进言献策。此时有人问他，有那么多大臣可以跟鲁庄公进言，你去凑什么热闹？他当即回答道"肉食者鄙，未能远谋"。曹刿指责当时鲁国上层统治者缺乏政治、军事才能，不能作细致周密的谋划去指挥鲁国军队打败齐国。"肉食者"指吃肉的人，引申为有权位的人即当朝权臣；"鄙"指鄙陋，形容见识浅薄。同样，后世据典而作为成语的"肉食者鄙，未能远谋"，指身居高位、俸禄丰厚的人眼光短浅，昏庸无能，没有长远的治国计划与本事。

郑孝胥与张元济交情甚笃，曾与张元济合作为严复译著《原富》编纂《中西编年及地名人名物义诸表》。他在商务印书馆《东方杂志》"文苑"上发表过诗作多篇，著有《稚辛诗存》等。

陈　衍：
诗坛巨擘　经济大家

陈衍（1856—1937），清末举人，史学家、文学家和经济学者，近代著名诗人、"同光体"巨擘。字叔伊，号石遗，福建侯官（今福州市区）人。他是张之洞、刘铭传的幕僚，钱钟书的老师和忘年之交。夫人萧道管，侯官人，近代女诗人，工小楷，精文字学，《清史稿》为其立传。

1886年，他曾入台湾巡抚刘铭传幕府；1897年，他出任《求是报》（由福州人陈季同、陈寿彭创办）主笔、主编。该报分内编、外编，内编包括交涉、时事、附录；外编包括西报、西律、制造、格致、泰西稗编诸门。所译又分四类：各国新闻、格致学、律学和西人著述。《求是报》特色明显，因此读者日多，风行一时。1898年，湖广总督张之洞由《求是报》看出陈衍的卓越才干，于是邀请他到武昌担任《官报》局总编纂。之后，陈衍晋京任学部主事兼京师大学堂文科教习。民国初期，陈衍在北京大学、厦门大学、上海暨南大学讲授，以及负责编修《福建通志》。他最后寓居苏州，任无锡国学专修学校教授。1937年8月，陈衍病逝于福州。

《官报》停办后他筹办《商务报》推介经济论著，报道世界各国的经济发展状况。陈衍继承乾嘉朴学经世致用的精神，倡议摒弃千年来重农抑商的旧思想，是中国近代"重商富国"理论最早的、最主要的倡导者。明治维新之后，日本人在翻译英文的"economy"时，借用了两个汉字：经济。陈衍是第一位将"经济学"中文概念引入我国的学者。从1899年至1902年，他主持并和日本学者河濑仪太郎合译出版了9部商业经济学的著作（与严复译《原富》几乎同时），包括《货币制度论》《银行论》《商业博物志》《商业开化史》《商业地理》《商业经济学》等，向国人介绍西方资本主义的金融、商业、经济理论，对近代中国经济学的形成产生了极大影响。陈衍曾经用诗来表达政经强国的思想："自强在尚武，原富在戒逸……窃思挽时局，财政宜秩秩。硬货定本位，纸币相辅弼。中央集散法，制限屈伸律。股券若泉流，国事理如栉。求言下征车，谓可陈造膝。"然而，现代人对其文化影响方面了解较多，而对其在经济学方面的贡献知之甚少。陈衍是一位被遗忘的经济学者。

在新旧文学交替之际，"同光体"诗词在晚清至民国时期，延续并发展了几十年。这一派诗人，主要集中在闽、浙、赣三省，但首倡者在闽，集大成者亦在闽，其精神发源地就在福州三坊七巷之内的光禄坊。此处有一处名为玉尺山的小丘，又称"光禄吟台"，原是宋代法祥院遗址，后为私人宅第，曰"玉尺山房"。"光禄吟台"四字是时任福州太守的光禄卿程师孟所题。清同治年间，出身盐商世家的房主人李端（沈葆桢的长婿）的大儿子李宗言和二儿子李宗祎（李宣龚的父亲），两位兄弟都工诗词，善山水，于是倡立诗社——福州支社，常组织诗会邀林纾、陈衍、沈瑜庆、郑孝胥、陈书、郑孝晋、陈宝琛等十多人在光禄吟台聚集，时间持续了十多年，这里无意间竟成了"同光体"闽诗派的发源地。陈衍与兄长陈书最早提出"同光体"的概念，后来他与陈宝琛、郑孝胥又把"同光体"推向全国。

陈衍还是《东方杂志》的重要作者之一。商务印书馆出版其著作有：《石遗室诗话》《近代诗钞》《元诗纪事》，以及中国教育史上第一部《烹饪教科书》等。

刘蘅：
冰雪聪明　梅瘦兰清

刘蘅（1895—1998），"福州八才女"之一，知名的闽派诗人。字蕙愔，号修明，福建长乐（今福州市区）人，黄花岗烈士刘元栋的胞妹。

她早年从游于文坛巨匠陈衍、何振岱，习古文，工诗词。刘蘅旅居北平二十载，诗画皆有成就。1957年受聘为福建省文史研究馆馆员。

以刘蘅等福州八才女为代表的"同光体"闽派女性诗人群体，她们知书达礼，才情不凡，其独特的女性视角，表达着对中国传统文化的体悟，是闽派诗歌不可忽视的半边天。20世纪40年代，商务印书馆出版其《蕙愔阁集》，后两次重版。

辑录刘蘅的诗词《清平乐》一首，供欣赏：

风回窗晚，花淡金炉暖。
病意百端成一懒，何处琴声凄婉。
蜻蜓点水轻轻，秋荷雨落珠倾。
旧曲生疏多少，心头故自分明。

邹韬奋：
爱国志士　民主先锋

邹韬奋（1895—1944），近代中国著名记者和出版家。谱名恩润，乳名荫书，曾用名李晋卿；祖籍江西鹰潭，生于福建永安，少年时在福州生活、学习。祖父邹舒予，历官福建永安、长乐知县及延平知府；其子邹家华，曾担任国务院副总理。

4岁时，父亲到福州做候补官，他随之到省城，开始了"牢狱"般私塾的启蒙教育。14岁入福州工业学校学习。两年之后又转到上海，在此先后完成中学、大学的学业。说起读书，他少年时在福州吃的苦头最多，就像他后来写的《我的母亲》一文中描述的那样："我到十岁的时候，读的是'孟子见梁惠王'，教师的每月束脩已加到十二元，算增加了三倍。到年底的时候，父亲要'清算'我平日的功课，在夜里亲自听我背书，很严厉，桌上放着一根两指阔的竹板。我的背向着他立着背书，背不出的时候，他提一个字，就叫我回转身来把手掌展放在桌上，他拿起这根竹板很重地打下来。我吃了这一下苦头，痛是血肉的身体所无法避免的感觉，当然失声地哭了，但是还要忍住哭，回过身去再背。不幸又有一处中断，背不下去，经他再提一字，再打一下。呜呜咽咽地背着那位前世冤家的'见梁惠王'的'孟子'！我自己呜咽着背，同时听得见坐在旁边缝纫着的母亲也唏唏嘘嘘地泪如泉涌地哭着。""由现在看来，这样的教育方法真是野蛮之至！但于我不敢怪我的母亲，因为那个时候就只有这样野蛮的教育法；如今想起母亲见我被打，陪着我一同哭，那样的母爱，仍然使我感念着我的慈爱的母亲。"

1921年邹韬奋在上海圣约翰大学毕业，获文学学士学位。第二年，经黄炎培介绍，邹韬奋到中华职业教育社工作，担任编辑部主任，负责主编《教育与职业》月刊及《职业教育丛书》。后任《生活》周刊主编（开始用笔名"韬奋"），以犀利之笔，力主正义舆论，抨击黑暗势力。"九·一八事变"后，《生活》周刊高举"抗日救国"的旗帜，成为以宣传团结抗战、谴责投降卖国为中心内容的舆论阵地。

邹韬奋还是商务印书馆《东方杂志》的作者。1933年元旦出版的《东方杂志》"新年的梦想"征稿文章，其中就有时任《生活》周刊主编邹韬奋的一篇："我所梦想的未来中国，是个共劳共享的平等的社会。所谓'共劳'，是人人都须为全体民众所需要的生产做一部分的劳动，不许有不劳而获的人；不许有一部分榨取另一部分劳力结果的人。所谓'共享'，是人人在物质方面及精神方面都有平等的享受机会，不许有劳而不获的人。政府不是来统治人民的，却是为全体大众计划、执行，及护卫全国共同生产及公平支配的总机关。在这个梦里，除只看见共劳共享的快乐的平等景象外，没有帝国主义者，没有军阀，没有官僚，没有资本家，当然更没有乞丐，连现在众所认为好东西的慈善机关及储蓄银行等等都不需要，因为用不着受人哀怜与施与，也用不着储蓄以备后患。"

1933年6月，邹韬奋为躲避特务的暗杀而流亡欧洲。是年底，《生活》周刊被国民党政府查封。他后于1935年8月回国。回国后，邹韬奋积极参加抗日救亡运动。11月他在上海创办了《大众生活》周刊，对如火如荼的抗日救亡运动给予了强有力的支援。该刊因此受到广大民众的热烈欢迎，销售量打破当时中国杂志的发行纪录。接着他与沈钧儒、厉麟似等人组织成立了上海文化界救国会。救国会要求国民党政府停止内战，特别对共产党提出的建立抗日民族统一战线的主张表示赞同。1936年11月，国民党政府以"危害民国"罪逮捕了救国会领导人沈钧儒、邹韬奋等7人，酿成"七君子事件"，遭到全国人民，包括宋庆龄、何香凝等社会名流的强烈反对。在243天的狱中生活里，邹韬奋始终以一个战而不屈的爱国民主战士的姿态，同反动派针锋相对。"七七事变"后邹韬奋等7人获释出狱，后辗转重庆、汉口、香港继续办刊宣传，开展爱国救亡工作，不遗余力。1944年7月，邹韬奋不幸病逝于上海。时任八路军总司令朱德挽邹韬奋联曰：

爱国志士，民主先锋。9月28日，中共中央根据其生前多次的入党请求，追认他为中国共产党正式党员，并对其一生及其从事的事业给予高度评价。

邹韬奋生前还创办了著名的三联书店。他一生办刊物、办报纸、办书店，提倡和身体力行的主旨是"竭诚为读者服务"，这便是韬奋精神。以他的名字命名的中国韬奋出版奖是目前我国出版界最高的奖项。以他名字命名的另一奖项"韬奋新闻奖"是中国新闻界的最高奖项（2005年与"范长江新闻奖"合并为"长江韬奋奖"）。2009年，邹韬奋被评为100位为新中国成立作出突出贡献的英雄模范之一。

邹韬奋创办的《大众生活》

周葆銮：
中国银行史的拓荒人

周葆銮（生卒不详），留日学者，福建闽县（今福州市区）人。

"1919年，留学日本的周葆銮出版《中华银行史》，这是中国第一本正式的银行史著作。将当时的银行分为中央银行、特种银行、实业银行、地方银行、储蓄银行、一般商业银行、外国银行（及中外合股银行），分别加以叙述。这本书的特点正如作者自己所说：'只记事实，不加论断。'这也是《大清银行始末记》的特点。当时的银行史著作，尚处于描述银行一般状况的草创阶段，缺乏对银行与其他相关部门、事物的探索，也未对整个银行业做总结性的分析与研究。"[①]

对中国近代商业银行史的研究学者而言，关于早期的参考文献资料十分有限，周葆銮的《中华银行史》是这方面不可或缺的重要学术史料。有人在研究上海近代商业银行史时认为，《中华银行史》的史料最为翔实、丰富。以上海四明银行为例，这家银行是旧中国主要商业银行之一，清光绪三十四年（1908）在上海成立，是清政府授权发行银行券的主要金融机

[①] 吴敏超：《20世纪上半期的中国近代经济史研究》，《兰州学刊》，2014年第11期。

构。其经营业务包括储蓄、信托、仓库,以及房地产投资等。周葆銮的《中华银行史》对四明银行有过这样描述:"至其发行纸币,当前清开业之际,已有发行,至今尚未收回。依民国三年之调查,共计十元票四万张、五元票十万张、二元票十万张、一元票十万张。当时流通市面者,计十元票二千五百张、计洋二万五千元,五元票一万七千张、计洋八万五千元,二元票七千张、计洋一万四千元,一元票六万六千张、计洋六万六千元,合计洋十九万元。其存库者,尚有十元票二万七千五百张、五元票三万三千张、二元票四万三千张、一元票四千张。"这被研究者广泛引用作四明银行于光绪三十四年八月开办时发行纸币的依据。

周葆銮著述的《中华银行史》(1919)由商务印书馆出版发行。

林开謩：
梅花放庵　旧京九老

林开謩（1863—1937），进士出身。字贻书，号放庵，福建长乐（今福州市区）人。民国初期"旧京九老"之一，擅长诗书，精于围棋。"父亲林天龄，进士出身，翰林院编修、江苏学政，同治皇帝的师傅。

光绪二十四年（1898），林开謩散馆授翰林院编修，旋赴天津主讲问津书院（赵元礼是其入门弟子）。光绪二十六年（1900），出任河南学政，创办河南大学堂（河南大学、河南农业大学的前身）。二十九年（1903），河南学政任满赴日本考察，归国后参与新政。光绪三十二年（1906）任江西提学使，将江西实业学堂遵章提格更名为江西高等农业学堂（江西农业大学的前身之一）。宣统三年（1911）任徐州兵备道。林开謩为人正派，勤勉政务，以乐于提掖后进而广受好评。如提学江西时，他慧眼识人，将落魄省垣的陈宧充乡试阅卷文案，后又把他举荐与四川总督锡良，后来民国北洋政府授陈宧为四川督军。"民初，北洋政要，出自贻书公门下者甚众。"

辛亥革命以后，林开謩不再涉政，以遗老身份寓居京城。他常与章梫、陈宝琛、杨钟羲等人结伴，唱和酬酢，怡情遣兴，抒发胸臆，人称

"旧京九老"。林开謩诗书造诣皆深，仰慕陆游的才华而效仿其诗风，是"同光体"闽诗派的骨干。他也喜欢梅花，觉得画家改琦"一树梅花一放翁"作品中的陆游与己神似，从此自号放庵。

林开謩平生最为人称道的有三件事：一是冒险为"戊戌六君子"之林旭收尸；二是创办河南大学堂；另一是与一代围棋天才吴清源忘年棋友的故事。

当年林旭在京时曾"寄居开謩家"，戊戌变法失败后血洒菜市口，是林开謩冒险为其收尸。据史书记载："林旭见杀，亲故莫敢前，其独为具敛归葬。"林旭问斩后，林开謩出银200两，具敛林旭尸首，存清慈寺数日后伺机运回福建。他时任翰林院编修，此政治风险不言而喻。时人对林开謩此义举赞叹不已。

在河南学政任上，林开謩于光绪二十八年（1902年3月7日）首倡并与河南巡抚锡良一同奏请创办河南大学堂，称"奏为遵旨设立学堂，谨将筹办情形，恭折具陈，仰祈圣鉴事。筹设河南大学堂，额定学生200名，内附客籍五分之一；聘总教习一人，中西教习12人；委派延祉、胡翔林为总办。"同年3月25日清廷朱批："着即督饬认真办理，仍随时考察，务收实效。"由此，林开謩负责主持筹建河南大学堂。学堂择址在开封游击衙署（今河南大学第一附属医院院区属地），于7月6日正式开学。河南大学堂被称作河南近现代高等教育的开端和源头。

他精于围棋，因喜欢执黑先落子，故有"黑国手"之称。围棋天才吴清源原名吴泉，年幼时随父母投奔外公张元奇（民国时期曾任福建民政长、奉天巡按使）而迁居北京。吴泉和外公都与林开謩同乡，两家交好，在京住所又相距很近。吴泉后来常去林家下棋，林开謩成为第一个与吴泉下棋的外人。那时8岁的吴泉与59岁的林开謩对弈，每战必胜。林开謩为之折服，赞誉吴泉为"神童"，并声称要将国手称号让与吴泉。吴泉击败京师"黑国手"林开謩，从此"围棋神童"之名不胫而走。此后，在吴泉14岁离京赴日之前的几年时间里，他经常到林家下棋，与林开謩或他人对弈，切磋棋艺。宣统初年，李子干编印《手谈随录》，其中载有执黑领衔者林开謩与人对弈局。《手谈随录》后由商务印书馆刊印。

林开謩是福州的大户人家，其姻亲亦显赫。如连襟陈宝琛（福州人），末代帝师；妻兄王仁堪（福州人），清光绪三年状元。又如儿子亲家陈夔龙，贵州贵筑（今贵阳）人，进士出身，官至四川总督、直隶总督、北洋大臣。儿子亲家黄绍箕，浙江瑞安人，进士出身，曾任京师大学堂总办、湖北提学使；"戊戌政变"前夕，康有为因得到黄的消息通报而躲过一劫。其五子的岳母是李鸿章的侄女；女儿亲家的父亲是船政大臣沈葆桢、外公是民族英雄林则徐。

1937年5月16日,林开暮在京病逝,翰林好友张元济题挽联:海东问俗,江表现猷,回首几沧桑,宦迹都随春梦去;荷榭留诗,茅亭索茗,赏心共晨夕,足音还盼故人来。

1932年"旧京九老"什刹海观荷留影。前排右起:章梫、林开暮、王树枬、袁励准、陈宝琛、杨钟羲;后排右起:柯劭忞、傅增湘、朱益藩,洪毅(聚会召集人)和吴敬修(特邀)

林 焘：
汉语"音符"学界泰斗

林焘（1921－2006），教授、博士生导师，语言学家。字左田，福建长乐（今福州市区）人，出生于北京。他是林开謩之孙，年幼时常在家中看人下棋，对吴清源的印象颇为深刻。许多年以后林焘回忆："当时，我六七岁，去偷看神童。见来人瘦小，穿青布褂，看来家境较贫寒。"

1944年，林焘毕业于燕京大学国文系，入燕大研究生院学习，后留校。1952年燕京大学并入北京大学，林焘从此开始一直在北京大学中文系任教，先后担任北京大学副教授、教授和博士生导师。1957年，他在《北京大学学报》上发表论文《现代汉语补语轻音现象反映的语法和语义问题》，开创了语言研究语音、语义与语法统筹兼顾的方法论先河。他接着于1962年发表《现代汉语轻音和句法结构的关系》一文，对现代汉语语音和语法、词汇的关系进行了较为深入细致且具有独特性的探索，受到语言学界的普遍重视和高度评价，被认为具有开创性的意义。以后林焘的研究兴趣逐步转向语音。20世纪70年代末，他领导建立了全国高校第一个现代化语音实验室——北大中文系语音实验室，开始用现代实验语音学的方法研究现代汉语语音。他曾当选汉字现代化研究会副会长、中国语言学会理事。1979年起担任北京大学中文系《语言学论丛》（商务印书馆出版）主编，1989年至1993年任《世界汉语教学》代理主编。

　　林焘长期从事现代汉语语音的教学和研究工作，在实验语音学、方言学、音韵学和对外汉语教学领域成就突出。20世纪80年代，全国高校首个对外汉语教学机构——北京大学对外汉语教学中心（今对外汉语教育学院）创立，林焘是该中心的首创主任。他因此成为当代中国对外汉语教学事业的奠基人和开拓者之一。他以德感人，为人师表，其"严谨求实的治学风格、淡泊名利的人生态度、宽厚待人的道德风范，是学生们心中永远珍藏的最为宝贵的财富"（百度百科的评价）。

　　林焘的学术成果是以高质而不是高产而闻名于语言学界。他的论著中的大部分都成为相关领域的研究者必读的参考文献。主要论著有《语音探索集稿》《语音学教程》（和王理嘉合作）《现代汉语》（撰写绪论和语音部分）《声韵学》（和耿振生合作）等，以及主编《20世纪中国学术大典·语言卷》，并与吴宗济合编《李方桂全集·第十二卷》。商务印书馆出版其著作有：《探讨北京话轻音性质的初步实验》（《语言学论丛》第10辑）、《京剧韵白声调初析》《王力先生纪念论文集》《"入派三声"补遗》（《语言学论丛》第17辑）、《林焘先生语音学论文集》《古汉语常用字字典》（与王力等编纂）等。

陈与年：
政府公债的关注者

陈与年（生卒不详），清末秀才出身，中华民国政府官员，福建闽县（今福州市区）人。

他毕业于日本早稻田大学法科专业，归国后开始进入政界。民国二年（1913），护法战争失败，袁世凯派北洋军阀李厚基入闽，福建省军政府都督孙道仁离职出走。同年5月，李厚基委任陈与年为福建福宁府知府。不久，废府留县，陈与年转任霞浦县知事。1914年陈与年离职（有传说陈与年离职后，将公款带到省城赌博而遭到通缉。民国十六年北洋政府垮台后，陈与年才改名从上海回到福州）。

近代西方公债制度在中国的实践尚不长。由于政权的更替，政府公债问题开始得到一些学者和财政官员的关注。陈与年算是较早关注国家财政预算与运行问题的政府官员之一。他早年参与《公债论》与《日本民事诉讼法论纲》的译制。他译述的（日）田中穗积著作《公债论》（陈承泽校订并作序）一书，1910年由商务印书馆出版。

顺便说明下，还有一部成书于20世纪30年代的同名著作《公债论》，作者则是民国时期享有盛誉的财政学界知名学者胡善恒。

梁章钜 梁恭辰：
楹联学之开山鼻祖

梁章钜（1775—1849），清代政治家、经学家与文学家，抗英禁烟派代表人物之一。字闳中，号茝邻，祖籍福建长乐（今福州市区），生于侯官（今福州市区）。

他为嘉庆进士，曾入福建巡抚张师诚幕府，与林则徐共过事；担任过京官礼部主事、军机处章京、礼部员外郎；外派授湖北荆州知府，升淮海河务兵备道、山东按察使。后历任江苏和甘肃布政使、广西和江苏巡抚，署两江总督兼两淮盐政等职，官至光禄寺卿。梁章钜是一位政绩突出、深受百姓拥戴的官员。他曾经在湖北江陵官署题联以自勉，"政惟求于民便，事皆可与人言"。梁章钜是坚定的抗英禁烟派人物，主张严禁鸦片。他曾上疏主张重治鸦片囤贩之地，强调"行法必自官始"，并以实际行动积极配合林则徐严禁鸦片措施的实施。他也是第一个向朝廷提出以"收香港为首务"的督抚。

除了做官，他还是一位卓有成就的学者和文学家。其著述之丰，在清代罕有其匹。林则徐曾评价"仕宦中，著撰之富，无出其右"。尤其是中国楹联学研究方面，开山之祖非梁莫属。他的楹联学研究成果《楹联丛话》《楹联续话》接连问世，引起社会和学人的广泛关注，影响极大。梁章钜笔耕不辍，在古稀之年的73岁时，又编撰刊行《楹联三话》。其实他的研究领域十分广泛，涉及政治、经济、历史、文化、格致、艺术等方面，许多著述填补了当时相关领域的空白，令人刮目。其《楹联丛话全编》（3册）由商务印书馆出版，收入"国学基本丛书"。

梁章钜70寿辰时，好友王淑兰曾撰联祝贺："二十举乡，三十登第，四十还朝，五十出守，六十开府，七十归田，须知此后逍遥，一代福人多暇日；简如《格言》，详如《随笔》，博如《旁证》，精如《选》学，巧如《联话》，高如诗集，略数平生著述，千秋大业擅名山。"此联就是梁章钜一生著述和功业的高度概述与总结。

梁恭辰（1814－1887），清代文学家。字敬叔，梁章钜的三子。历官温州知府、宁绍道台、杭嘉湖道等，政声卓著。

梁章钜编完《楹联三话》后不久即去世。梁恭辰也喜欢楹联文化，于是子承父业，接手编撰了六卷本《楹联四话》，体例基本参照《楹联丛话》。原先梁章钜编撰了《巧对录》八卷，梁恭辰又编撰了《巧对续录》上下卷。梁恭辰编著的《劝戒四录》《楹联四话》等书，编入其父梁章钜所著的《楹联丛话全编》；其《巧对续录》亦由商务印书馆出版。

梁章钜父子编撰的《楹联丛话》系列，是中国首部全面、系统地研究楹联的著作，是对楹联的源起、演变及其发展的有价值考证，在楹联类别、美学、理论等方面，为中国楹联史作出了开创性的重要贡献。

陈修园：
勤政为民　医术济世

陈修园（1752—1823），举人，清代著名医学家，名念祖，字修园，号慎修，福建长乐（今福州市区）人。

他幼习举业，兼修医学。曾任吴航书院山长，历官河北威县和枣强知县、正定府同知、护理知府。他为官一方，勤政爱民，政绩颇著；从政之余，钻研医学，终成大家。他著作等身，可谓是清代医学著作集大成者，其个人专著《南雅堂医书全集》是与皇家出版的医学教材《医宗金鉴》[①]齐名的清代中医论著。陈修园是中医"伤寒派"的中坚人物，研究中医伤寒论历时数十载，自成一格，影响极大，著有《伤寒论浅注》《长沙方歌括》等传世。《清史稿》称誉其著述"多有发明，世称善本"。民国时期，陈修园医书30种《医学实在易》（四卷）由商务印书馆印行。

陈修园除了研究伤寒杂病论外，对妇科病的研究造诣亦高深。其所著的《女科要旨》是不可多得的中医妇科优秀临床指导用书，列为中医女科

[①]1739年乾隆皇帝诏令太医院右院判吴谦主持编纂的一套大型医学丛书，参与编修的精通医学兼通文理的官员达70多人。

十大名著之一。由陈修园长孙陈心典主持操办，在咸丰年刊行的《女科要旨》初刻本，还有一段故事的引申。为《女科要旨》撰写"序"与"跋"的，分别是道光丙申科状元、曾任册封琉球国王正使的福建侯官林鸿年，以及琉球国朝贡使吕凤仪。文章反映了中国与近邻琉球国的历史渊源，是两国之间藩属关系以及友好往来的历史佐证。吕凤仪除了琉球（中山）国使者身份外，还有个身份是陈修园的徒孙。从跋文中可以看到，作者专研陈修园的医学著作后，拜陈修园之子陈灵石为师，并得到恩师的真传。他用所学的医术，治好了琉球国王的脑风顽疾，受到国王恩宠。跋文采用文言文写就，真情实感，令人动容。原文如下：

琉球虽僻处要荒，礼乐逊于中华，然典章制度以及堪舆医卜，皆以中国为依归，此足徵同文之化也。忆昔，国主症患脑风，医者博采群书，凡奇方秘术，皆罔效焉。因特命随贡京师，诣请太医院，仰求指示，聆其议论，冒似向所会进於国主者。逮谢恩后，阅诵修园太夫子伤寒论等书，理精言切，足绍卢扁之传。故复受业於灵石夫子之门，得其秘旨，如饮上池，遂拟一方，专差寄呈。国主厥疾乃瘳。今之，蒙殊恩而得异宠者，皆出夫子之赐也。乃犹虑仪之才浅学疏，复遥寄《金匮浅注》一部，则夫子造就於仪者，意何厚欤！兹师兄心典，绍厥渊源，复剧《女科要旨》，意简言赅，诚为寿世之之良书也！爰缀数语，望师兄以识之。简末云尔。中山国使晚学生吕凤仪悟冈敬跋。

陈寿祺：
经学名儒　书院主讲

陈寿祺（1771—1834），进士，清代儒学家。字恭甫，号左海，福建闽县（今福州市区）人。他是孟超然之弟子，林则徐的老师。

《清史稿》云："（寿祺）少能文。年十八，台湾平，撰上福康安百韵诗并序，沉博绝丽，传诵一时。"他进士出身，选翰林院庶吉士，授编修，官至会试同考官、记名御史。在京时，陈寿祺开始关心国事，指陈各种社会弊端，经世致用的思想开始强化。父母去世后，他不再为官而专注于教育，主讲鳌峰、清源书院多年。清道光年间负责总纂《福建通志》。

他主掌鳌峰书院长达11年，与书院诸生探讨修身力学之道，讲授经世致用之学，被誉为清嘉庆道光年间福建首开经世学风的第一人。陈寿祺弟子不少，著述颇丰，有《左海全集》问世。商务印书馆出版的陈寿祺著作有《尚书大传》《蜜梅花馆诗录》《二韭室诗余别集——青芙馆诗钞》等。

沈瑜庆：
末任巡抚　诗人循吏

沈瑜庆（1858—1918），举人出身，诗人，清代贵州最后一任巡抚。字志雨，号爱苍，涛园，福建侯官（今福州市区）人。他是沈葆桢第四子、刘齐衔①的女婿、"戊戌六君子"林旭的岳父。翁同龢是其老师，两人后为至交。

他28岁那年由李鸿章举荐出任江南水师学堂会办，从此步入政坛。后历任江南水师学堂总办②、护理漕运总督、湖南按察使、江西布政使、护理江西巡抚、贵州布政使、河南布政使和贵州巡抚。沈瑜庆为官一方，办学堂、兴市政、重农事、修马路，颇有政声。辛亥革命时他终于顺应大势，交出贵州政权而避居上海，后受聘为福建通志局总纂修。

女婿林旭因戊戌变法失败而被朝廷所杀，女儿沈鹊应因哀毁过度不久也香消玉殒。沈瑜庆从此心情抑郁，每在悼念女儿、女婿之时都忧心国

---

①林则徐的长女婿，进士出身，官至河南布政使、护理巡抚，诰授荣禄大夫。
②民国海军总长林建章（福州人）1890年考入江南水师学堂驾驶专业第一期，沈瑜庆时任学堂总办，即校长。

家。他是"同光体"闽派著名诗人,曾为林旭夫妇墓葬题碣,曰:"千秋晚翠(林旭号)孤忠草;一卷崦楼(女儿沈鹊应词集名)绝妙词"。著有《涛园集》传世,其作品《姚惜抱墨迹》由商务印书馆出版。

陈宝琛：
末代帝师　新学先驱

陈宝琛（1848－1935），学者，晚清大臣和帝师。字伯潜，号弢庵、陶庵、听水老人，福建闽县（今福州市区）人。

他是人称福州"螺洲陈"的后裔，曾祖父陈若霖官至刑部尚书。同治七年（1868），陈宝琛考中进士，授翰林院编修。其六兄弟中"三进士、三举人"，时称"六子科甲"，显耀榕垣。后出任江西学政，累迁内阁学士、礼部侍郎，官至礼学馆总纂大臣、正红旗汉军副都统、内阁弼德院顾问大臣。溥仪登基后，他首提"戊戌六君子"昭雪之议，还为溥仪皇帝授读三年。溥仪被日本侵略者引诱时，陈宝琛一再提醒"郑孝胥不可信，若贸然从事，只怕去时容易回时难"，说到痛处陈宝琛老泪纵横。溥仪出关当伪满傀儡后，他冒死赴东北劝谏。陈宝琛依然劝溥仪不要受日本人蛊惑。"九·一八"事变后，陈宝琛拒受伪满洲国之职。

陈宝琛工诗文，擅书法，藏书甚富。他重视教育，支持开办新式学堂，培养年轻一代。光绪二十五年（1899）他回闽任鳌峰书院山长，出任福建高等学堂监督。他主持创立全闽师范学堂（今福建师范大学的前身之一），为学堂亲自题写校训："化民成俗其必由学，温故知新可以为师"。陈宝琛不但自己积极办教育，还开明大度地支持夫人王眉寿兴办女子新式教育。

　　陈宝琛是《东方杂志》"文苑"栏目的主要作者之一，在商务印书馆出版的作品有：《陈弢庵先生小楷扇集》《澂秋馆吉金图》等。

附　录

陈宝琛与福州东文学堂、全闽师范学堂

　　早在1882年，驻日中国公使馆为培养懂日语的外交人才，在京开设了日文学校——东文学堂，这是中日甲午战争前最早培养日语翻译的官方机构。甲午战败之后，彼时国内要求"废科举、兴学堂、改旧学、倡新学"，"借鉴日本、留学日本"的呼声很高，并仿效日本改革教育。由此，国内一批以教授日语并以日语进行普通教育的各种日语学校便应运而生。先是京师同文馆增设东文馆（1897），紧接着福州东文学堂（1898）、杭州日文学堂（1898）、泉州彰化学堂（1899）、天津东文学堂（1899）、厦门东亚学院（1900）、北京东文学社（1901）等一大批以教授日语为主的学堂也相继开办。

　　关于福州东文学堂的创立，不能不提及福州的"苍霞精舍"。1896年，前邮传部尚书陈璧、吉林洮南知府孙葆瑨、御医力钧、翻译家林纾等人，将位于福州台江苍霞洲林纾的旧居"苍霞精舍"改造成学校，开设中、西两类课程，任佩珊担任监督，林纾为总教习。办学的经费主要来源于力钧与孙葆瑨合办的银圆局之盈余。林纾在《苍霞精舍后轩记》中记载："孙幼谷（葆瑨）太守、力香雨孝廉（指举人）即余旧居为苍霞精舍，聚生徒、客西学，延余讲《毛诗》《史记》，授诸生古文。"1897年力钧旅日考察造币技术归国，在"苍霞精舍"增设日文科。之后，"苍霞精舍"改名为"苍霞中学堂"。

　　福州东文学堂是在陈宝琛首倡，当地士绅力钧、陈璧、孙葆瑨、王孝绳、孙藻晴等共同努力下成立的，这是陈宝琛的办学之始。其实，这个问题在早期的研究中已有学者提出了不同的看法。日本学者细野浩二在其论文《清末中国的东文学堂及其相关问题》中提到福州东文学堂，认为是福建银圆局副总办力钧首倡，与该局总办孙葆瑨及陈宝琛、陈璧等人共同商议创办的。力钧（1856—1925），字轩举，号医隐、香雨，福建永福人，举人出身，御医，官至商部保惠司主事，在孙葆瑨创办的福建银圆局任副总办。据王孝绳《福州东文学堂三年报告汇编》的"开学缘起"称，福建

银圆局的副总办力钧和王孝绳，1897年东游日本考察造币改良之术，"孝廉（指举人力钧）躬睹彼国治政之美备，学校之振兴，骎骎焉方驾欧美。益信国家之盛衰视乎人才，人才之盛衰视乎教养，有不得诿诸世运者也""明治维新变用西法，实始于同治七年。三十年来励精锐进，学校林立，妇孺知书。中人株守畦步，身历而目睹者万无一焉"。力钧在日本亲身的体会，进一步认识到国家的兴盛，重在办学育才，提出可效仿日本兴办新学之模式。

福州东文学堂创建于清末戊戌变法时期，和清朝末期众多的东文学堂一样，与近代日本有着千丝万缕的联系。因此，学堂的创办，日本东亚同文会也给了帮助，其福州支部主任中岛真雄提供建议并协助招聘东文教习等事。1898年7月，"苍霞精舍"的日文科这部分学生正式迁出，搬至文儒坊三官堂的福州东文学堂，开始学习日语及普通学科。之后由于场地受限，1901年，东文学堂搬迁至乌石山积翠寺和范公祠，此时又增加了政治特班、文法特班。学堂的办学经费由陈宝琛等士绅捐助，学堂下设东文总教习、东文副教习、汉文教习、监院、常川驻堂董事、领班学长、司事等分管教学、训导与学生的生活。东文学堂由刘学恂、陈宝琛先后任主理总董，陈成候、林宝蒗等任监院，王孝绳等任驻堂董事，林志钧（商务印书馆作者）为领班学长，日本人冈田兼次郎、中西重太郎先后任东文总教习，桑田丰藏任东文副教习，陈成候任汉文教习，王幼玉、刘功宇等四人先后任算学教习。

福州东文学堂学制三年，其中预科一年，本科二年，"仿日本中学之制，设普通学术之课"。开设有东语、读书、习字、学文、翻译、西文、外国史、数学及经义、子书、通鉴、文献通考、本朝圣训、名臣奏议、历代经世文、策论等。三年学完成绩优等的，学堂代为联系安排工作，每年还选定二三名优等生送东洋游学。林志烜（商务印书馆编辑）、李景铭、方兆鳌、程树德（商务印书馆作者）、陈宗蕃、黄懋谦（商务印书馆作者）、钟麟祥、陈遵统（商务印书馆作者）、沈寿铭等人都在乌石山的福州东文学堂学习过。

这个时期福建各地的新式学堂如雨后春笋般地出现。新式学堂急需新式教师，为了培养福建的师资力量，1903年，闽浙总督崇善与谪居闽籍故里的前内阁学士陈宝琛商议后，将福州东文学堂改办为官办的全闽师范学堂，校址仍设在福州乌石山。全闽师范学堂于1903年12月12日正式开学，由陈宝琛任学堂监督。这是福建最早的师范学校，也是全国最早的师范学校之一。学堂招考本省举贡生监入学肄业，初设正额学生60名，次年复增额60名，分甲乙两班，是为初级本科，造就小学堂教习。据陈衍纂

《民国闽侯县志》载:"全闽师范学堂在乌石山,先由绅士数人私立东文学堂,三迁而赁范公祠积翠寺,添设讲堂宿舍楼屋。至光绪二十九年,始与各大宪议,改为官立全闽师范学堂。"学堂创办的同时,还设立"全闽师范学堂附小"(后几易其名,于1956年正式定名为福建省福州市乌山小学)。陈宝琛为学堂题写校训:"化民成俗其必由学,温故知新可以为师",还亲自撰写《开学告诫文》:"国家之盛衰强弱,全视国民之智愚贤否。学堂固所以造就人才,然必先使人人知义理,人人知爱护国家,人人能自立,而后国民之资格始备,而人才亦出其手。故学堂必须以小学为最急需……诸生今日来学师范,后来即为国家担当教育责任。自冶其性情,而后能冶人性情;自励其志节,而后能励人以志节"。《开学告诫文》成为全闽师范学堂培养学生的准绳。1905年,清代福州省城四大官办书院之一的致用书院(力钧曾就读于此,便是在学院"明体达用之才"教育思想的影响下,走上了一代名医之路)并入全闽师范学堂。

1906年,全闽师范学堂改名为福建师范学堂。此时中学教师不足的情况逐渐凸显,于是福建师范学堂开始增办优级专修科。陈遵统等编著《福建编年史》指出,1907年为培养中等学校教师而增设优级专修科,录取新生数十人,分史地、数理和博物三科,学制三年。因为增设了中学堂,因此福建师范学堂又更名为福建优级师范学堂,陈宝琛担任学堂首任监督(校长)。学堂在1903年至1909年,共培养毕业生700多人,其中大部分成了福建中小学教师的骨干。学堂还派遣了不少的法、政、商、工、农等科学生去日本留学。

福建优级师范学堂又称福建两级师范学堂,民国二十年(1931)改称福建省立福州师范学校,民国二十五年(1936)又改称福建师范学校,冰心(商务印书馆作者)、翁良毓、胡也频(商务印书馆作者)、邓拓、李宝焌、朱腾芬等都是该校的优秀毕业生。全闽师范学堂、福建优级师范学堂是现在福建师范大学的前身之一。陈宝琛无疑是福州近代教育事业筚路蓝缕的开创者。

附 录

夏瑞芳与张元济

夏瑞芳　　张元济

　　夏瑞芳（1871—1914），近代杰出的出版企业家。字粹芳，江苏青浦（今上海）人。少年时在教会学校读书，后在慈善医院、英商报馆打工。作为商务印书馆的主要创始人、首任经理，他把毕生的精力都献给了出版事业。如果说张元济是以文化和教育成就了商务印书馆，那么夏瑞芳则是以技术与管理壮大了企业。商务印书馆的设备升级、技术进步，无不赖于夏瑞芳。夏瑞芳对中国近代工业技术和文化教育事业的发展卓有贡献，其本人也由排字工人成为杰出的出版企业家。1914年1月，夏瑞芳不幸遇刺身亡。

　　张元济（1867—1959），中国近代杰出的出版家、教育家和爱国实业家。字筱斋，号菊生，浙江海盐人。出生于名门望族，清末进士，担任过总理各国事务衙门章京、刑部主事，因变法被清廷"革职，永不叙用"。1896年他和陈昭常等人创办通艺学堂，1898年冬任南洋公学译书院主事兼总校，1902年进入商务印书馆，历任编译所所长、经理、监理、董事会主席等职。1911年、1948年分别当选中国教育会首任会长和中央研究院首届院士。1949年后担任上海文史馆馆长，继任商务印书馆董事长。他是唯一被光绪、孙中山、袁世凯、蒋介石、毛泽东"中国五位第一号人物"接见过的人。蔡元培评价张元济是"富有新思想的旧学家，也是能实践新道德的老绅士"。在主持商务印书馆时期，他把一个印刷作坊发展成为中国近代史上最具影响力的出版企业。他与高梦旦推出"严译名著、林译小说"等大批西方学术、文学名著，产生了广泛而深远的影响；他以"扶助教育为己任"，在中国近现代教育史上作出开创性的贡献；他对保存民族文化亦是功劳巨大。在他任上，商务印书馆成为与北京大学齐名的"中国近代文化的双子星"。

开办初期位于上海德昌里三号的商务印书馆

南洋公学明信片

夏瑞芳与张元济，一个是工人出身，一个是进士出身，两人会走到一起确有点匪夷所思。但是夏瑞芳虽工人出身，却敏锐聪明，为人豁达，事业心也强。张元济主持南洋公学译书院时，夏瑞芳因为兜揽印刷生意而和张元济相识，时时有所请教。后来因经营过程中的几次挫折，使夏瑞芳认识到企业要发展壮大，必须由有学问、有本事的人来掌舵，于是积极主动地向张元济这位翰林出身的大学问家靠拢。1901年商务印书馆增资扩股，夏瑞芳邀请张元济参与投资。1901年夏，张元济和印有模等正式入股商务印书馆有限公司。这是夏瑞芳目标的第一步，他的最终目标是把张元济本人"请进"商务印书馆。

很快，夏瑞芳发现张元济在南洋公学的工作并非如意。于是夏瑞芳直接向张元济发出聘请邀请。当时张元济在南洋公学的月薪为100两银子，夏瑞芳给张元济开的月薪是其3.5倍。夏瑞芳的诚意打动了张元济，1903年初张元济正式入职商务印书馆。他与夏瑞芳商定，两人的工作分工有所侧重，夏分管印刷与发行，张主管编书。两人还约定商务不能只追求盈利，"吾辈当以扶助教育为己任"。张元济说自己与夏瑞芳认识之后，"意气相合"。他带着在学术界、文化界广泛的知名度和影响力加盟商务印书馆，与懂管理、市场敏感性强、属于事业型的夏瑞芳的互补性搭档，共同完成了商务印书馆创业初期管理层定位的第一次顶层设计。

编译所职员录（1924年）

部门名称	部长、主任	编辑人数
国文部	朱经农	17
数学部	段育华	9
史地部	朱经农（兼）	9
英文部	郑富灼	29
物理化学部	郑贞文	9
法制经济部	李伯嘉	10
博物生理部	杜亚泉	11
杂纂部	何公敢	14
国文字典委员会	方　毅	12
英汉字典委员会	吴致觉	7

续表

部门名称	部长、主任	编辑人数
英汉实用字典委员会	黄士复	11
百科全书委员会	王云五（兼）	31
第一系	陶履恭	
第二系	唐钺	
第三系	程瀛章	
第四系	秉志	
第五系	何炳松	
第六系	傅运森	
事务部	江畬经	67
庶务股	汪今鸾	
文牍股	任申之	
会计股	陈玉衡	
成本股	张鋆	
舆图股	陈俊生	
图画股	李伯嘉（兼）	
美术股	黄宾虹	
图版股	寿芝荪	
书籍股	凌蛰卿	
校对股	陈赞裹	
出版部	高梦旦	17
东方杂志社	钱智修	6
教育杂志社	李石岭	2
小说月报社	郑振铎	3
学生杂志社	朱元善	3
少年杂志社	朱元善	2
儿童画报社	朱元善	2

续表

部门名称	部长、主任	编辑人数
妇女杂志社	章锡琛	2
小说世界社	叶劲风	3
儿童世界社	徐应昶	4
英文杂志社	胡哲谋	1
英语周刊社	周由廑	1
国语函授社	方　毅（兼）	4
国文函授社	钱智修（兼）	1
英语函授社	周越然	16
数学函授社	胡明复	2
商业函授社	李培恩	3
东方图书馆	江畲经（兼）	14

20世纪20年代商务印书馆编译所有关负责人、编辑与外国专家合影

待考福州籍编辑与作者名录

1. 编辑：

江学煇，福建闽县（今福州）人，生平不详。根据1923年商务印书馆编译所人员名录（考自《商务印书馆通信录》〈民国十二年〉），江学煇为"英汉大字典委员会"成员、编辑；江学煇注释、蒋梦麟校订的惜阴英文选刻《春景》一书，1920年由商务印书馆出版。

《商务印书馆通信录》是商务印书馆最早在上海编辑、出版的内部刊物，于1918年1月创刊，至1940年4月停刊，历时22年。"刊物主要刊登商务印书馆馆事纪要，出版计划及年度营业报告，发布总管理处、生产部、主计部等各项通告和管理章程细则，介绍总馆及各分馆的组织机构和人员分布情况，通报人员培训考核情况和人事变动消息等。"它是当今研究商务印书馆发展史的一份重要史料。

2. 作者：

黄缘芳，福建闽侯人，生平不详。其编撰的《词曲总集·别集·曲·万花集》由商务印书馆出版。他（她）是研究现代数学的学者，这方面的专著颇多，其中译著《现代几何学概观》《代数方程式论》等均由商务印书馆出版发行。

刘崇裘，福建闽县（今福州）人，生平不详。他编撰的《初等英文法》1947年在商务印书馆出版发行。

郭文华，福建闽侯人，生平不详。商务印书馆出版黄士恒的《前汉演义》，其中下篇与郭文华合著。

王庆通，福建闽县（今福州）人，生平不详。他是王寿昌的侄子，王庆骥的弟弟，与林纾合作翻译了《情铁》《蟹莲郡主传》《鱼海泪波》《洄上花》《香钩情眼》《奇女格露枝小传》《血华鸳鸯枕》《白夫人感旧录》《鹦鹉缘前编》《鹦鹉缘续编》《鹦鹉缘第三编》《孝友镜》《九原可作》等10多部小说。这些译著均由商务印书馆出版。

王庆骥、王庆通是王寿昌的侄子，王氏兄弟二人又共同与林纾合作译书，因此被世人赞誉为"将门虎子"。

严培南（生卒不详），教授，字君潜，福建侯官（今福州）人，严复的侄子，严璩的堂兄。严培南自幼就在严复身边教养，从小与严复长子严璩一起长大，兄弟关系颇好。他毕业于北洋水师学堂，后为京师大学堂数学教授。光绪二十九年（1903），他与严璩、林纾合作翻译的《伊索寓言》一书由商务印书馆出版。林纾在译者序中写道："自余来京师数月，严君潜（严培南）、伯玉（严璩）兄弟，适同舍，审余笃嗜西籍，遂出此书，日举数则，余即笔之于牍，经月成。"

力树萱（生卒不详），福建永福（今福州永泰）人。民国元年（1912）、民国二年（1913），其与林纾合作翻译的《情窝》《罗刹雌风》分别在商务印书馆出版。

主要参考书籍与文献

1. 卢仁龙著：《中国出版家·张元济》，人民出版社，2017。
2. 杨凡主编：《福州人与商务印书馆》，福建美术出版社，2018。
3. 吴小鸥著：《文化拯救》，商务印书馆，2015。
4. 黄嗣著：《中国出版家·夏瑞芳》，人民出版社，2021。
5. 李兴华著：《民国教育史》，上海教育出版社，1997。
6. 艾俊川著：《中国印刷史新论》，中华书局，2022。
7. 李伯棠编著：《小学语文教材简史》，山东教育出版社，1985。
8. 胡适著：《高梦旦先生小传》
9. 胡适著：《胡适日记》，山西教育出版社，1997。
10. 王云五著：《革新时代教育思想》，台湾商务印书馆，1971。
11. 许世铨主编：《台湾当代人物辞典》，中国大百科全书出版社，2003。
12. 汪家熔著：《商务印书馆史及其他》，中国书籍出版社，1998。
13. 杨扬著：《商务印书馆：民间出版业的兴衰》，上海教育出版社，2000。
14. 汪家熔著：《民族魂——教科书的变迁》，商务印书馆，2008。
15. 叶新、周伟俊著：《高梦旦：著述与追忆》，西苑出版社，2021。
16. 房鑫亮著：《忠信笃敬：何炳松传》，浙江人民出版社，2006。
17. 史春风著：《商务印书馆与中国近代文化》，北京大学出版社，2006。
18. 黎难秋主编：《中国科学翻译史料》，中国科学技术大学出版社，1996。
19. 李良玉著：《动荡时代的知识分子》，浙江人民出版社，1990。

20. 罗耀九主编：《严复年谱新编》，鹭江出版社，2004。

21. 杜亚泉著，许纪霖、田建业编：《杜亚泉文存》，上海教育出版社，2003。

22. 钟桂松著：《起步的十年——茅盾在商务印书馆》，商务印书馆，2017。

23. 汪耀华著：《商务印书馆史料选编（1897－1950）》，上海书店出版社，2017。

24. 马忠文主编：《近代史所藏李景铭档案》，国家图书馆出版社，2021。

25. 范军、何国梅著：《商务印书馆企业制度研究（1897—1949）》，华中师范大学出版社，2015。

26. 范军、欧阳敏：《试述晚清民国时期商务印书馆的编辑制度》，《中国编辑》，2017年第1期、第2期。

27. 周逢琴：《李宣龚：商务文化的守望者》，《出版科学》，2012年第1期。

28. 谢振声：《郑贞文先生与商务印书馆》，《编辑学刊》，1989年第4期。

29. 张稷：《我们为什么研究商务印书馆——兼论商务印书馆在现代化进程中的多重范本意义》，《中国出版》，2022年第3期。

30. 候琦妍：《福建人与近代商务印书馆》，《考试周刊》，2014年第78期。

31. 陈建宁：《"转型时代"视角下闽籍知识分子与早期的商务印书馆》，《福建论坛·人文社会科学版》，2019年第10期。

32. 王剑：《商务印书馆与近代西方教育学理的东渐》，《教育史研究》，2003年第3期。

33. 王国栋：《梁遇春：来自三坊七巷的散文家、翻译家》，《闽江学院学报》，2011年第3期。

34. 《商务印书馆120年大事记1897—2017》，商务印书馆，2017。

后　记

　　历史文化是城市的灵魂，她延续的历史文脉是城市品质提升之根本所在。因此，探寻近现代福州人与百年商务印书馆这段沉寂已久的历史，可以说是福州城市灵魂的一次重塑。

　　我们感念先贤们在商务印书馆这个平台上参与整理国故、引进西学，发展教育、繁荣文化，为我国的出版、文化和教育事业作出的杰出贡献。因此，让更多的人进一步了解他们，以效仿先贤们"教育报国""文化报国"的理想，激励自己为创造中华民族伟大复兴的美好明天而不懈努力，这正是出版本书的主要目的。

　　在博物馆展陈大纲暨本书的创作过程中，遇到的最大困难就是史料匮乏，尤其是一大部分近现代人物的生平情况无从考证。这方面的工作花费的时间最多（前后近两年），耗费的精力也最大。笔者查阅了大量的档案资料和文献书籍，通过片纸只字的累积，零珠片玉的汇集，以及对来自海外所提供信息的梳理，才使得一个个鲜活的人物形象逐渐清晰。本书在展陈大纲的基础上增加了50多位新发现的福州籍股东、编辑与作者，同时对大纲中的一些误谬加以纠正。工作的辛苦换来了成效，一切都值得！

　　这项工作得到了大家的关心与支持。商务印书馆前后两任总经理于殿利博士和李平博士，对博物馆的展陈大纲提出了很好的建议，卢为峰、杨凡、杨勇、黄有锋、邹勇等同志给予了热情的帮助，商务印书馆福州分馆和博物馆提供了部分所需的图文资料。尤其是卢为峰对书稿进行认真的校阅，海峡文艺出版社的林滨社长和吴飓茱编辑对成书也倾注了不少的心血。在此一一表示感谢！部分文章内容借鉴于网络媒体，在此说明并请知而谅之。

付梓之际，特别要感谢我的导师李建平教授。长期以来，他一直鼓励我用经济学的思维做文化，才使得我这个非专业人士有了从事文化方面工作的底气。还要感谢一直默默无闻地支持着我的爱人游芳，以及帮助我在海外查找和翻译资料的女儿林未匀及其博士后学友们。

书稿虽经多次修改，疏漏及欠妥之处在所难免，恳请读者不吝指正赐教。